오늘부터
이모티콘
작가

오늘부터 이모티콘 작가

초판 인쇄일 2023년 7월 31일
초판 발행일 2023년 8월 7일
2쇄 발행일 2024년 3월 19일

지은이 곰곰(강채연)
발행인 박정모
등록번호 제9-295호
발행처 도서출판 혜지원
주소 (10881) 경기도 파주시 회동길 445-4(문발동 638) 302호
전화 031) 955-9221~5   팩스 031) 955-9220
홈페이지 www.hyejiwon.co.kr

기획 김태호
진행 박주미
디자인 조수안
영업마케팅 김준범, 서지영
ISBN 979 - 11 - 6764 - 056 - 7
정가 16,800원

아이패드로 만드는 개성만점 이모티콘

오늘부터 이모티콘 작가

곰곰(강채연) 지음

혜지원

이모티콘 세상에 빠져 보아요!

지금은 전업 이모티콘 작가로 활동하고 있지만 처음 이모티콘을 시작할 때 저는 공대생이었습니다. 대학교를 졸업하자마자 돈을 벌고 싶다는 생각으로 공과대학에 진학했지만, 전공이 상상 이상으로 저와 맞지 않아 힘들어하고 있었죠. 원하던 전공에 합격했으니 걱정이 없을 줄 알았는데, 진로 고민 때문에 많이 방황하게 되었어요.

그렇게 대학 생활 내내 어떤 일을 해야 할지 고민하다가 졸업할 때쯤 우연히 이모티콘 작가라는 직업에 대해 알게 되었습니다. 이모티콘 작가가 억대 연봉을 번다는 기사와 함께 귀여운 모션과 그림체를 가진 이모티콘은 제 흥미를 끌었고, 이 분야에 도전해 보고 싶다는 생각이 들었습니다.

처음 주변에 이모티콘 작가가 되고 싶다고 알렸을 때는 모두가 저를 말렸습니다. 더구나 그림 한번 그려 본 적 없던 제가 이모티콘 작가가 될 수 있을지 저 스스로도 확신이 없었어요. 그래서 확신이 없는 만큼, 딱 1년만 도전해 보고 안되면 깔끔하게 포기한다는 생각으로 이모티콘 작가에 도전하게 되었습니다.

첫 1년은 시간이 어떻게 흘렀는지 모르겠습니다. 그 당시엔 이모티콘 만드는 방법이 온라인에 흔히 공유되지 않아서 디지털 드로잉 툴을 익히는 데만 몇 날 며칠이 걸렸고, 저의 그림 실력은 제가 생각했던 것보다 좋지 않았으며, 저에게 그림을 그릴 만한 특별한 재능이 있지도 않은 것 같았습니다. 하지만 1년은 꼭 불태워 보자 다짐했었기 때문에 간단한 아르바이트 외에는 친구, 가족들과의 약속도 모두 뒤로하고 모든 시간을 이모티콘 제작에 쏟아부었습니다.

그러던 어느 날 이모티콘 하나가 승인되었고, 뒤를 이어 다른 이모티콘들도 승인되면서 지금까지 총 25개의 이모티콘을 발표한 전업 작가가 될 수 있었습니다.

첫 도전 당시 아는 것도 없고 찾아보는 시간이 너무 오래 걸렸기에, 누가 필요한 내용만 정리해서 알려 주면 좋겠다고 생각했습니다. 그런 경험 때문에 이모티콘을 여러 개 출시하게 되면 꼭 책을 써서 많은 사람에게 이모티콘 만드는 법을 알려 주고 싶다는 바람이 있었는데, 이렇게 저의 이모티콘 제작 노하우를 담은 책을 여러분께 보여 드릴 수 있어서 기쁩니다.

제가 처음 배울 때 어려워해 봤던 만큼, 이 책에서는 이모티콘 제작에 꼭 필요한 팁들을 최대한 자세히 담으려고 노력했습니다. 천천히 읽어 보시고 따라 하시면 여러분만의 이모티콘을 완성하실 수 있을 거예요.

오랜 방황 끝에 제 적성에 맞는 일을 찾은 지금, 저는 너무 행복합니다. 내 일에 진심으로 집중해서 몰두할 수 있다는 게 이렇게 큰 행복인지 그 전엔 몰랐거든요! 물론 이모티콘 작가가 되는 것도 쉬운 일은 아니었고, 저도 이모티콘 작가에 도전하면서 수없이 많은 장애물을 만나고 실패의 경험을 했습니다. 하지만 그때마다 포기하지 않고 극복하기 위해 고민하고 행동하면서 실패에 대한 두려움을 없앨 수 있었어요.

이모티콘 작가가 되기 위한 도전의 첫걸음을 떼는 게 어려우신 분들은 저처럼 기간을 정해 도전해 보시는 건 어떨까요? '정한 기간 동안은 정말 열심히 하겠다!'는 다짐을 가지고 시작하시면 어느새 이모티콘 제작에 빠져 프로 제작자가 되어 있는 자신을 발견할 수 있을 거예요. 자, 이제 같이 이모티콘 세상에 빠져 봅시다~!

곰곰(강채연)

 파일 다운로드

이모티콘 실습을 위해 멈춰 있는 이모티콘 연습 파일 4종, 움직이는 이모티콘 연습 파일 4종, 브러시 3종과 러프 판 파일을 제공합니다. 다양한 모션 제작을 위해 모션 가이드도 함께 제공하니 이모티콘 제작 시 활용해 보세요. 모든 제공 파일은 혜지원 홈페이지 자료실에서 내려받아 사용하실 수 있습니다.
혜지원 홈페이지 http://hyejiwon.co.kr

목차

Part 3
프로크리에이트로 이모티콘 제작하기

Part 6 이모티콘 제안해 보기

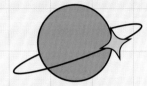

Loading...

Part 1

이모티콘 작가 되기

이모티콘 작가가 되기 전 이모티콘 시장에 대해 알아보고 작업에 필요한 준비물을 알아보겠습니다.

이모티콘 시장은 어떤 곳인지 살펴보고 나와 맞는 준비물은 어떤 것일지 생각해 보세요.

이모티콘 이해하기

1 이모티콘 시장 **살펴보기**

1 이모티콘이란?

사람과 마주 보고 대화할 때 우리는 언어적인 요소뿐 아니라 표정과 행동으로도 상대의 기분과 감정 상태를 확인합니다. 하지만 상대방의 표정을 확인할 수 없는 온라인 공간에서는 문자만으로 모든 감정을 전달하기 어렵기 때문에 오해를 방지하기 위한 수단으로 이모티콘이 꾸준히 발전해 왔습니다. 처음엔 ^^, ㅇㅅㅇ, OTL 같은 단순한 문자로 감정을 전달했다면, 현재는 소셜 네트워크의 발전으로 귀여운 캐릭터가 직접 내 마음을 대변해 주는 역할을 하고 있습니다. 현재는 이모티콘이 더 다양화되면서, 감정을 표현하는 것 외에 나와 비슷한 성격을 가진 캐릭터 또는 내 취향에 맞는 캐릭터를 골라 이모티콘을 사용하며 자신의 개성을 뽐내는 용으로도 사용합니다.

이모티콘은 이제 감정 표현을 넘어 친구들과 장난칠 수 있는 놀이로 발전했습니다. 초기 이모티콘 시장엔 기본 감정 위주의 사용성 높은 이모티콘이 대부분이었습니다. 현재는 이모티콘 출시량도 많아지고 그 종류도 다양화되면서, 기본 감정 표현이 아닌 보자마자 웃음이 나오는 코믹한 이모티콘이나 상대방을 놀릴 수 있는 까불거리는 말투의 이모티콘도 많이 출시되었습니다. 이제 이모티콘은 단순한 감정 표현의 수단이 아닌 채팅창에서 재미있는 콘셉트로 장난을 칠 수 있는 놀이 수단으로 진화했습니다.

② 현재 이모티콘 시장은?

카카오톡 이모티콘 출시 후 기록

누적 개별 이모티콘	**50만 개**
누적 발신	**2400억 건** (하루 6000만 건)
누적 구매자	**2700만 명**
매출 1억 원 이상 이모티콘	**1852개**
매출 10억 원 이상 이모티콘	**116개**
매출 100억 원 이상 이모티콘	**11개**
최연소 작가	**12세**
최고령 작가	**83세**

자료: 카카오

2011년 11월에 카카오톡의 이모티콘 첫 출시를 시작으로 이모티콘 시장은 폭발적으로 성장해 왔습니다. 카카오에서 2023년 발표한 자료에 따르면 지난 11년간 누적 이모티콘 개수는 50만 개이고, 누적 발신량은 2400억 개입니다. 이를 계산해 보면 발신 건수가 하루에 6000만 건에 이릅니다. 2017년 4월, 카카오톡이 이모티콘 스튜디오를 개설하면서 누구나 이모티콘을 제안할 수 있게 됐습니다. 이모티콘은 직업, 나이, 경력에 제한 없이 누구나 제안하고 상품화할 수 있습니다. 이모티콘 시장에서 활동하고 있는 최연소 작가는 12세, 최고령 작가는 83세라고 합니다. 이렇게 카카오는 '이모티콘 작가'라는 새로운 직업을 만들었고, 귀여운 그림을 좋아하는 사람들에게 기회의 장이 되어 주었습니다. 현재 카카오톡에 이모티콘을 출시하는 건 가장 큰 플랫폼에 내 캐릭터를 홍보하는 것과 같아, 캐릭터 산업에서 활동하고 싶은 작가들에게 등용문과도 같은 역할을 하고 있습니다.

지난 2021년 1월엔 '이모티콘 플러스' 출시로 이모티콘의 누적 경험자 수는 1,200만 명을 돌파했습니다. '이모티콘 플러스'는 이모티콘 개별 판매와 다르게 서비스를 구독하면 출시되어 있는 개별 이모티콘을 자유롭게 사용할 수 있고, 키워드 추천을 받아 상황에 맞는 이모티콘을 고르기 쉽게 만들어진 서비스입니다. 이모티콘 플러스 출시 후 개별 판매량 수는 이전에 비해 현저히 줄어들어 전처럼 폭발적인 수익을 내기는 어렵지만, 사용자가 이모티콘을 사용할 때 일정 구독료를 받을 수 있어 전보다 안정적인 수익을 얻는 것 같다는 것이 주변 작가님들의 반응입니다.

사용 연령층도 넓어졌습니다. 기존엔 아이들을 중심으로 캐릭터 사업이 발전했다면, 현재는 어른들이 이모티콘을 많이 사용하며 전 연령층이 캐릭터에 관심을 가지게 됐습니다. 인기 이모티콘 작가들은 형성된 이모티콘 캐릭터 팬층을 활용해 팝업 스토어를 열거나 온라인상에 굿즈를 판매하며 1인 사업가로 거듭났습니다. 최근엔 이모티콘 작가 지망생도 많이 늘어나 강의 수요도 많아졌고 동시에 강의 시장도 활성화됐습니다.

이모티콘 시장은 자격 조건 제한 없이 누구나 도전할 수 있고, 출시하면 매달 꾸준히 수입이 들어온다는 장점이 있습니다. 물론 승인을 받는 것도, 꾸준히 승인을 받아 이모티콘 작가로 계속 활동하는 것도 쉽지 않은 일입니다. 그렇지만 다른 사업과 비교하면 실패했을 때 비용적인 리스크도 없고 재밌는 취미로도 남을 수 있어서 관심이 있다면 한 번쯤 도전해 볼 만한 매력적인 시장입니다. 이모티콘 작가가 되고 싶다고 생각만 하면 이모티콘 작가가 되고 싶다고 생각만 하는 사람이 됩니다. 이모티콘 제안은 조금 귀찮을 뿐 비용이 드는 일이 아니니 이모티콘 작가가 되고 싶다면 빠르게 행동해 보시는 것을 추천합니다.

3 이모티콘 작가의 현실

이모티콘 작가를 시작할 때 대부분 대박을 꿈꾸며 시작하지만, 대박은 생각처럼 쉽지 않습니다. 먼저 자리를 잡은 인기 이모티콘들이 시리즈로 꾸준히 나오고 있고, 이모티콘 플러스 출시 이후부터 하루에 이모티콘이 약 20개씩 출시되고 있어 경쟁이 심하기 때문입니다. 한 달을 공들여 이모티콘을 만들었어도 수익은 50만 원 정도로 기대에 미치지 못해 실망하기 쉽습니다.

저 또한 초기에는 이모티콘 작품들의 흥행 실패로 월 30~100만 원 정도를 벌었습니다. 이모티콘 작가 일만으론 생계를 꾸리기 어려워 아르바이트를 병행하며 작가 생활을 했었죠. 하지만 이모티콘을 만드는 게 너무 재미있었기 때문에 포기하지 않을 수 있었습니다. 2년 차쯤부터 시리즈로 낼 수 있는 이모티콘도 여러 개 생기고 이모티콘 강사로 강의 활동도 활발히 하며 수익이 안정화돼 이모티콘 작가를 전업으로 할 수 있었습니다.

이모티콘 작가 도전을 시작하자마자 승인이 되는 것도, 대박이 나는 것도 흔한 일이 아닙니다. 저 말고도 대부분의 작가님들이 몇 년이 될 지 모르는 무명의 기간을 거치고 난 뒤 수익이 안정화되곤 합니다. 돈만 생각하고 이모티콘 작가를 하시려는 분은 수익이 적은 무명 기간을 버티는 게 쉽지 않기에 돈 때문에 이 분야에 진입하는 건 추천해 드리고 싶지 않습니다.

요즘 이모티콘 시장은 한 개의 이모티콘이 큰 돈을 벌어 주는 로또 같은 느낌보다는 출시 이후에도 일정 수익이 꾸준히 들어오는 연금 같은 느낌의 수익 양상을 보이고 있습니다. 첫 승인 후 수익을 내기까지 최소 6개월의 기간이 소요되고 출시 전까진 이모티콘이 얼마를 벌어 올지 누구도 예상할 수 없습니다. 따라서, 하시던 일을 관두고 이모티콘 작가에 도전하기보다는 하던 일을 병행하며 이모티콘 작가에 도전하다가 수익이 안정적으로 나오는 시점에 전업으로 전향하시는 걸 추천합니다.

② 이모티콘 출시 과정

　이모티콘 제안까지 과정을 설명드리겠습니다. 카카오톡에 제안하는 경우가 가장 많으므로 카카오톡을 기준으로 말씀드리겠습니다.

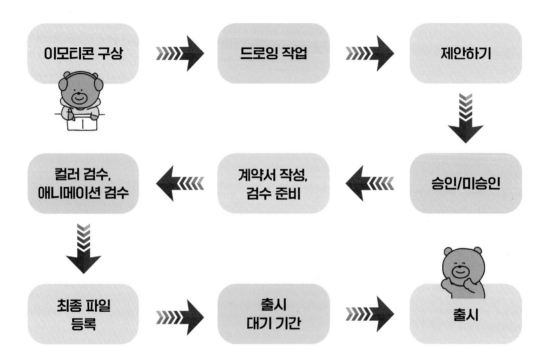

　이모티콘 출시까지는 크게 3가지 과정으로 나눌 수 있습니다. 아이디어를 구상하고 그림을 그려 이모티콘을 만드는 제작 단계, 플랫폼에 제안서를 보내는 제안 단계, 승인 이후 최종 출시를 위해 검수를 거치는 검수 단계입니다. 최종 파일을 만든 후 1~3개월 정도 출시 대기 기간을 거치기 때문에 승인이 되고 6개월 정도 후에 이모티콘이 시중에 출시된 모습을 볼 수 있습니다.

🔟 이모티콘 구상

　이모티콘 구상 단계에선 이모티콘 콘셉트를 기획하고, 기획한 콘셉트를 바탕으로 메시지를 만든 후 캔버스에 가볍게 러프 그림(밑그림)을 그려 봅니다. 대충 그린 러프 단계에서 바로 선 따기 작업으로 넘어가기도 하지만, 러프를 계속 수정해 보며 더 좋은 아이디어는 없는지 고민하고 그림도 계속 수정해 보며 완성본과 거의 비슷한 러프 스케치를 완성하는 것이 좋습니다. 이렇게 하면 선 따기 작업을 할 때 선 따는 작업에만 몰두할 수 있습니다.

2 드로잉 작업

아이디어 구상과 스케치가 끝났다면, 깔끔하게 선 따기 작업을 한 뒤 채색으로 마무리 작업을 합니다.

3 제안하기

이모티콘에 맞는 규격으로 저장한 뒤 내가 원하는 플랫폼의 이모티콘 스튜디오에 접속해 제안합니다.

4 승인/미승인

이모티콘을 제안하면 약 2주 후 결과가 발표됩니다. 카카오톡은 월요일 밤 12시까지 이모티콘을 제출할 경우 일주일 만에 결과를 받을 수 있습니다. 내부 사정에 따라 발표 일정은 달라져서 이모티콘 관련 카페나 오픈채팅방에 가입해 두면 일정을 파악하는 데 도움이 됩니다.

5 계약서 작성, 검수 준비

결과가 발표되고 이모티콘 승인이 됐다면 계약서 작성, 검수 준비 단계로 넘어갑니다. 미승인이라면 다시 제안을 준비해 주시면 됩니다. 첫 승인된 이모티콘은 카카오 측과 계약서를 작성합니다. 계약서를 꼼꼼히 살펴본 후 전자문서로 서명하면 됩니다. 1~3주 정도 시간이 소요됩니다.

6 컬러 검수, 애니메이션 검수

승인 후 검수 단계에선 컬러 검수, 애니메이션 검수, 최종 파일 제작 작업을 합니다. 카카오의 경우 최종 파일을 만든 후 1~3개월 정도의 출시 대기 기간을 거치기 때문에 첫 승인이 된 후 3~6개월 정도 후에 이모티콘이 출시된 모습을 볼 수 있습니다. 멈춰 있는 이모티콘은 컬러 검수 단계를 거치고, 움직이는 이모티콘은 애니메이션 검수 단계를 거칩니다. 이 단계에선 이모티콘 아래에 메시지나 모션 설명을 간단히 써 주면 됩니다. 설명 작성 후 다음 답변까지 일주일 정도 걸립니다.

7 최종 파일 등록

채팅창에서 이모티콘을 선택하면 볼 수 있는 섬네일이나 선물 페이지 같은 그림은 모두 이모티콘 작가가 제작합니다. 이모티콘 스튜디오 공지사항의 제작 가이드를 참고해서 완성해 주시면 됩니다.

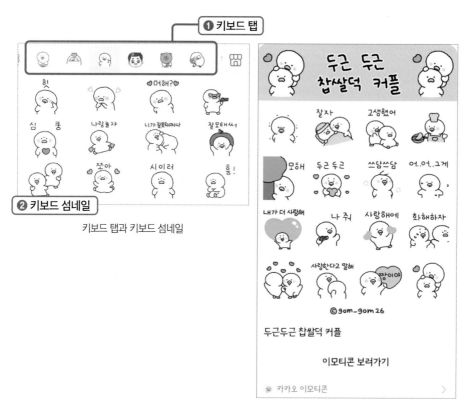

키보드 탭과 키보드 섬네일

이모티콘 선물 페이지

8 출시 대기 기간

최종 파일까지 등록하면 출시 대기 기간이 있는데 평균 1~3개월 정도의 대기 기간을 거친 후 이모티콘 시장에 출시됩니다. 출시되기 일주일 전에 메일로 출시일을 알려 줍니다. 대기 기간 동안 개인 SNS에 업로드 할 홍보물을 제작하며 기다려 주시면 됩니다.

이모티콘
제작을 위한 준비물

 **1 이모티콘은 아이패드로 만들자**

이모티콘 제작 전 어떤 장비를 구매할지 고민하시는 분들이 많습니다. 저는 초보자라면 무조건 아이패드를 구매하라고 말씀드리고 싶습니다. 갤럭시 탭과 아이패드 사이에서 고민하시는 분들도 많은데, 갤럭시 탭에선 이모티콘 제작 툴을 '클립스튜디오'만 사용할 수 있습니다. 인터페이스가 복잡해 클립스튜디오와 잘 맞지 않는 사람도 많기 때문에, 그림 앱이 많은 아이패드를 구매하시는 걸 추천합니다. 이 외에도 몇 가지 아이패드의 장점을 말씀드리겠습니다.

1 작업을 준비하는 시간이 적게 든다.

태블릿은 컴퓨터를 켜고 연결 후 포토샵이나 일러스트 같은 앱을 켜야 작업을 시작할 수 있습니다. 반면에 아이패드는 잠금 장치를 풀고 그림 앱을 켜면 약 15초 만에 작업을 시작할 수 있습니다. 초보자는 실력 향상을 위해 매일 연습해야 하는데 태블릿은 준비하는 시간 자체가 길어서 의지력이 강한 사람이 아니라면 준비 과정에 지쳐 관둘 수 있습니다. 정밀한 작업을 한다면 액정 태블릿이 필요하겠지만, 우리가 배울 이모티콘 분야는 정밀한 작업이 아니기 때문에 아이패드만으로 충분히 좋은 작품을 만들 수 있습니다.

2 휴대성이 좋다.

아이패드는 크기가 작고 가벼워서 가방에 넣어 어디서든 작업할 수 있습니다. 집에서 작업하는 것도 좋지만 쉬는 공간과 작업 공간이 분리되지 않으면 금방 지치기 쉽습니다. 아이패드는 휴대성이 좋아 내가 원하는 장소 어디서든 작업할 수 있습니다. 이모티콘에 입문하시는 분들은 직장인이 많은데, 아이패드로 작업한다면 퇴근 후 집에서만 작업하는 것이 아니라 회사에서도 틈틈이 작업할 수 있습니다.

3 이모티콘을 제작할 수 있는 편리한 툴이 많다.

노트북이나 컴퓨터로 작업할 때 주로 사용하는 어도비 포토샵, 어도비 일러스트레이터, 어도비 애프터이펙트 같은 프로그램은 고차원적인 프로그램이라 작업 방법을 익히는 데 긴 시간이 소요됩니다. 그러나 아이패드에서 사용하는 툴은 직관적이고 간단해서 비교적 빠른 시간 안에 익힐 수 있습니다. 아이패드에선 클립스튜디오, 프로크리에이트, 러프애니메이터 같은 이모티콘 제작에 특화된 앱이 많습니다.

이 중 프로크리에이트라는 앱은 초보자도 쉽게 배울 수 있고, 기능이 많아 이모티콘 제작에 처음 입문하시는 분들께 이 앱을 가장 추천합니다. 프로크리에이트는 아이패드에서만 사용이 가능하며 이 책에선 주로 프로크리에이트로 작업하는 방법을 다루고 있습니다.

4 맥 OS끼리 호환성이 좋다.

애플 기기에는 '에어 드랍'이라는 기능이 있어서 몇 초 만에 내 사진 자료나 영상을 맥북 또는 아이폰으로 주고받을 수 있습니다. 아이패드를 제외한 애플 기기를 사용하지 않는 분들께는 해당되지 않지만 작업하면서 컴퓨터나 핸드폰으로 내 작업 파일을 보내는 일이 빈번히 있기 때문에 맥북이나 아이폰으로 애플 생태계를 구축하면 작업 시간을 줄일 수 있습니다.

2 아이패드에서 사용하는 앱 소개

아이패드에서 이모티콘을 제작할 때 사용할 수 있는 앱은 클립스튜디오, 프로크리에이트, 메디방, 러프애니메이터가 있습니다. 이모티콘 제작할 때 가장 많이 사용하는 앱은 클립스튜디오와 프로크리에이트입니다. 모든 기능을 갖춘 완벽한 툴은 없습니다. 장점과 단점을 비교해 보며 나와 가장 잘 맞는 앱을 고르고 부족한 부분은 다른 앱으로 보완해 이모티콘을 제작하면 됩니다.

1 프로크리에이트

이 책에서 주로 다루게 될 툴로 인터페이스가 직관적이라 배우기 쉽고 애니메이션 기능이 들어 있어 이모티콘 입문자 분들이 가장 많이 사용하는 앱입니다. 프로크리에이트의 가격은 19000원(2023년 7월 기준)으로 처음엔 비싸게 느껴질 수 있지만 한번 구매하면 평  생 쓸 수 있고 개발진들이 앱 업데이트를 지속적으로 하는 것을 감안하면 구독제인 앱들에 비해 가격이 싼 편에 속합니다.

포토샵과 같은 비트맵 방식이라 그림을 확대, 축소, 회전할 경우 그림이 깨지고, 전문적인 애니메이션 앱이 아니기 때문에 복잡한 애니메이션을 만드는 데 한계가 있습니다. 하지만, 이모티콘 캐릭터는 간단한 외형과 모션으로 제작하는 경우가 많아 프로크리에이트 앱만으로도 충분히 좋은 이모티콘을 만들 수 있습니다.

프레임 방식의 애니메이션 앱이라 프레임별 세밀한 시간 조절은 못하지만, 승인 후 카카오톡에서 제공하는 WebP 프로그램이나 포토샵, 포토스케이프라는 프로그램으로 보완할 수 있기 때문에 크게 문제되지 않습니다.

2 클립스튜디오

클립스튜디오는 아이패드에 있는 그림 앱 중 애니메이션에 가장 특화되어 있는 앱입니다. 그림 크기를 줄이거나 키워도 깨지지 않는 벡터 선을 사용할 수 있어서 효율적으로 이모티콘을 제작할 수 있습니다. 이모티콘 제작에 최적화된 앱이지만 직관적이지 않아 초보자들이 배우기 어렵습니다.

클립스튜디오의 종류엔 pro 버전과 ex 버전이 있는데 이 둘의 큰 차이점은 애니메이션 작업할 때 하위 버전인 pro는 24개의 프레임까지만 작업할 수 있고 상위 버전인 ex는 프레임 개수에 제한 없이 작업할 수 있다는 것입니다. 움직이는 이모티콘 작업 시 24개 이하의 프레임으로 제작해야 하기 때문에 이모티콘만 작업한다면 pro 버전을 사용해도 문제가 없습니다.

클립스튜디오의 큰 단점은 가격이 비싸다는 것입니다. pc에서 구입할 경우 한 번 구매하면 영구적으로 사용할 수 있지만, 아이패드 클립스튜디오는 구매가 아닌 '구독제'로 정기적으로 돈을 지불해야 하는 단점이 있습니다. 3개월 무료 체험 기간을 주기 때문에 체험 후 구매할 수 있습니다.

프로크리에이트와 마찬가지로 프레임 방식의 애니메이션 앱이라 세밀한 시간 조절은 할 수 없지만, 승인 후 카카오톡에서 제공하는 WebP 프로그램이나 포토샵, 포토스케이프라는 프로그램으로 보완할 수 있기 때문에 크게 문제되지 않습니다.

③ 러프애니메이터

기능이 많이 들어 있진 않지만 애니메이션 제작에 특화돼 있어  모션 연습용으로 사용하기 좋은 앱입니다. 간단한 앱이라 배우기 쉽고 가격이 저렴해 구매할 때 부담스럽지 않으며 다른 앱과 달리 영상을 넣어 프레임으로 변환할 수 있기 때문에 다른 사람의 모션을 분석할 때 사용하기 좋습니다. 단점은 브러시 소스를 얻기 힘들고 GIF를 추출할 때 지원하는 색이 넓지 않아 원하는 색으로 추출하기 힘들다는 것입니다. 그래서 러프애니메이터에선 모션 러프만 간단히 그리고 깔끔한 선 작업과 GIF 파일 추출을 할 때는 프로크리에이트나 포토샵에서 마무리해야 합니다.

컴퓨터에서 사용할 수 있는 프로그램 소개

① 조금은 알아야 되는 포토샵

포토샵은 어도비사의 그래픽 프로그램으로 합성과 편집, 색 보정을 할 수 있는 프로그램입니다. 아이패드에 있는 포토샵 앱은 기능이 좋지 않아 사용하기 어렵습니다. PC에 있는 포토샵엔 많은 기능이 있는데, 이모티콘 제작 시 사용하는 기능은 '타임라인'과 '획추가'라는 기능입니다.

'타임라인' 기능으로 애니메이션 프레임별 시간을 조절할 수 있고, '획 추가'라는 기능으로 글씨 가독성이 좀 더 좋게 만들 수 있습니다. 포토샵의 모든 기능을 배워야 된다면 어렵겠지만, 이모티콘 제작에서는 이 두 개의 기능만 제대로 익히면 돼서 어렵지 않습니다.

승인 전까진 저 두 가지 기능을 거의 쓸 필요가 없어서 포토샵을 사용하지 않아도 되지만, 승인 후엔 필수적으로 포토샵을 사용해야 합니다. 확장자는 PSD로 이모티콘 최종 파일을 제출할 때도 사용합니다.

단점이 있다면 비트맵 형식이라 이미지를 확대, 축소 시 이미지가 깨질 수 있다는 것입니다. 이모티콘은 출시 후 수정 작업을 하지 않기 때문에, 이모티콘 제작엔 큰 단점으로 작용하지 않습니다.

2 부드러운 동작이 가능한 애니메이트

어도비 애니메이트는 애니메이션 작업에 특화된 프로그램입니다. 가장 큰 장점은 일러스트와 동일한 벡터 방식이라 오브젝트 크기를 키웠다 줄여도 깨지지 않는다는 점입니다. 다른 프로그램과 다르게 일일이 그림을 그릴 필요 없이 키프레임이라는 기능을 이용해 다양한 움직임을 만들 수 있지만 초보자에겐 난이도 높게 느껴질 수 있습니다. 또한, 모션이 너무 매끄럽고 부드럽게 만들어져 손그림 형식을 좋아하는 이모티콘 시장엔 안 맞을 수 있습니다. 이모티콘 제작을 위해 난이도 높은 애니메이트를 굳이 배울 필요는 없습니다.

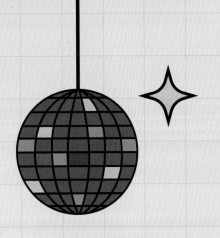

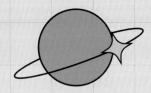

Loading...

Part 2

이모티콘 구상하기

이모티콘 작업 순서는 사람마다 다르지만 '콘셉트 지정 → 메시지 구성 → 캐릭터 디자인 → 러프 시안 만들기 → 외곽선 그리기(선 따기) → 채색 → 제출'의 순서가 가장 보편적입니다. Part2에서는 이모티콘 콘셉트와 메시지를 정하고 캐릭터를 구상하는 과정까지 살펴보도록 하겠습니다.

캐릭터 콘셉트 정하기

Chapter

앞에서 말씀드린 콘셉트를 쉽게 말하면 '캐릭터가 가지고 있는 특징'이라고 할 수 있습니다. 콘셉트가 중요한 이유는 비슷하게 생긴 캐릭터가 많은 이모티콘 시장에서 캐릭터에 차별성을 줄 수 있어야 하고 콘셉트를 처음에 정해 놔야 내 캐릭터의 타깃, 메시지, 디자인을 정하기 쉬워지기 때문입니다.

〈콘셉트와 작품 퀄리티의 상관관계〉

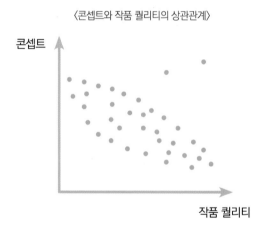

콘셉트와 작품 퀄리티 모두 뛰어난 캐릭터를 만드는 건 초보자에게 쉽지 않은 일입니다. 작품을 만들어 내는 퀄리티가 낮은 사람은 콘셉트가 강한 캐릭터를 만들어 승인을 얻어내면 됩니다. 재밌는 콘셉트를 잡는 게 어려운 사람은 그림 실력과 모션 실력을 키워 콘셉트는 약하지만 퀄리티 있는 캐릭터를 제작하면 됩니다. 나는 못 할 거라고 포기하는 것보다 자신의 장점과 실력이 어느 정도인지 인지하고 끊임없이 도전하는 게 승인으로 가는 가장 좋은 방법입니다.

 **출시되어 있는 이모티콘 살펴보기**

좋은 콘셉트 아이디어가 생각나지 않을 때 할 수 있는 방법은 신규 이모티콘과 인기 순위에 있는 이모티콘을 살펴보는 것입니다. 세상에 완전히 새로운 작품은 없습니다. 좋은 작품들을 조합하고 내 아이디어를 가미해 새로운 것을 만들어야 사람들에게 사랑받는 작품을 만들 수 있습니다.

콘셉트를 잡을 때 가장 먼저 살펴봐야 할 것은 이모티콘의 제목입니다. 이모티콘 제목은 대부분 콘셉트가 잘 드러나도록 작성하기 때문에 제목을 보면 캐릭터의 콘셉트를 확인할 수 있습니다. 이모티콘 시장에서 자주 사용하는 콘셉트를 알려 드리겠습니다.

❶ 성격 - 애교가 많은, 집착이 심한, 성격이 급한, 인성 안 좋은, 긍정적인, 망나니, 내성적인, 질투가 많은, 씩씩한, 무뚝뚝한, 삐치는, 바보 같은, 활발한, 자존감 높은, 막말하는

성격은 단독으로 콘셉트로 활용해도 좋고, 아래에 있는 다른 콘셉트와 결합해서 사용할 수도 있습니다.

❷ 직업 - 직장인, 간호사, 의사, 군인, 머슴

❸ 취미 - 골프, 헬스, 술 먹기, 배달 음식 먹기, 맛집 찾아가기, 영화 대사 말하기

❹ 손글씨 - 덕담, 감사의 말, 명절 인사, 각종 기념일 등

❺ 관계형 - 커플, 자매, 남매, 부모 자녀 관계 등

❻ 캐릭터의 외형적 특징 - 덩치가 큰, 삐뚤빼뚤한, 조그마한, 복슬복슬한, 말랑말랑한, 동그란

❼ 지역적 특색 - 경상도 사투리, 충청도 사투리, 영어, 일본어

이미 출시돼 있는 콘셉트가 많지만 요리조리 조합하면 새로운 캐릭터를 만들 수 있습니다. 이모티콘 시장을 자주 확인하며 캐릭터 콘셉트를 정해 보시는 걸 추천합니다.

난 오늘도 까부러

이모티콘 보러가기

😊 카카오 이모티콘

핵병아리의 사회생활 리액션

이모티콘 보러가기

😊 카카오 이모티콘

제목	난 오늘도 까부러 (곰곰)
콘셉트	빠른 모션에 까불거리는 성격을 부여해 친구들에게 장난치기 좋은 메시지로 제작된 캐릭터입니다.

제목	핵병아리의 사회생활 리액션 (써노)
콘셉트	아부하는 성격과 회사 신입이라는 특징을 합쳐 만든 캐릭터입니다. '좋은 아침입니당', '가고 있습니당', '넵 알겠습니당!' 같은 귀여운 말투를 사용해 콘셉트를 잘 드러내고 있습니다.

제목	댜갸 탸댱해 (김나무)
콘셉트	커플이라는 관계와 닭살 돋는 멘트를 조합해서 만든 캐릭터입니다. 혀 짧은 말투로 메시지를 만들어 콘셉트를 좀 더 강화했습니다.

제목	존댓말 커플 (소콘소콘)
콘셉트	자칫 평범할 수 있는 커플 콘셉트에 존댓말이라는 포인트를 넣어 좀 더 특징 있게 만든 경우입니다.

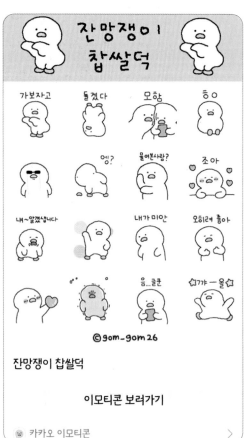

잔망쟁이
찹쌀덕

가보자고	돌겠다	모함	ㅎㅇ
엥?	뭘어본사람?	조아
내~알겠샙니다	내가 미안	오히려 좋아
	음...끌끔	ꞋꞋꞋꞋ가 ━ 올

©gom-gom26

잔망쟁이 찹쌀덕

이모티콘 보러가기

😊 카카오 이모티콘   >

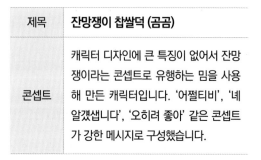

제목	**잔망쟁이 찹쌀덕 (곰곰)**
콘셉트	캐릭터 디자인에 큰 특징이 없어서 잔망쟁이라는 콘셉트로 유행하는 밈을 사용해 만든 캐릭터입니다. '어쩔티비', '녜 알겠샙니다', '오히려 좋아' 같은 콘셉트가 강한 메시지로 구성했습니다.

 Tip

'제가 생각한 콘셉트가 이미 출시돼 있는데 제안해도 될까요?'라고 물으시는 분들이 많은데 제 대답은 '제안할 수 있습니다.'입니다.

예시로 '인성 안 좋은 곰돌이' 이모티콘이 시장에서 흥행한 것을 보고 '아 나도 저런 걸 만들고 싶다.'라는 생각이 든다면 '나는 인성이 안 좋은 토끼를 내 스타일로 재해석하자'라고 생각한 후 제목을 '성깔 있는 토끼'와 같은 식으로 바꿔 새로운 작품같이 제안하는 방법이 있습니다.

다만, 참고한 작품과 캐릭터 그림체, 텍스트 등이 모두 유사하면 표절이 될 수 있습니다. 어떻게 하면 내 스타일로 재해석할 수 있을지 고민하는 시간을 가져 원작이 떠오르지 않게 만들어 주세요.

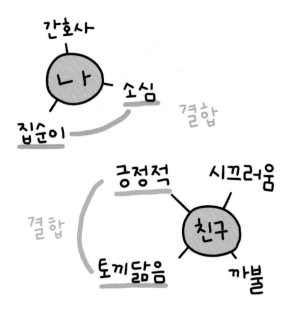

  처음부터 나와 전혀 다른 성격의 캐릭터를 만들면 메시지 짜는데 어려움을 느껴 쉽게 포기할 수 있습니다. 내가 어떤 사람인지 적어 보고 나로부터 또는 주변에 있는 지인들에게서 아이디어를 얻어 만드는 것도 좋은 방법입니다.

  만약 성격이 소심하고 집에 있는 걸 좋아한다면, 소심한 성격을 콘셉트로 한 캐릭터를 만들어 볼 수도 있고 소심한 성격과 집순이라는 특징을 합쳐 소심한 집순이라는 콘셉트로 캐릭터를 만들 수도 있습니다. 직업이 간호사라면 간호사끼리 사용하는 메시지를 바탕으로 캐릭터를 짤 수도 있습니다. 또는 주변 사람 중 긍정적인 사람을 보고 긍정의 말을 하는 캐릭터를 만들 수도 있습니다.

저는 평소 지인들 약 올리는 걸 정말 좋아해서, 제가 평소 지인들을 놀릴 때 쓰는 말을 토대로 '난 오늘도 까부러'라는 캐릭터를 창작했었습니다. '아 어쩔어쩔요', '야아아아아!!', '헤이트유' 같은 상대를 짜증나게 하는 텍스트로 이모티콘을 제작했는데, 평소 자주 하던 말이라 캐릭터를 기획할 때 큰 어려움 없이 완성할 수 있었습니다.

이모티콘은 우리 생활과 밀접하게 관련되어 있기 때문에 어렵게 생각하기보다는 나 또는 내 주변 사람을 표현한다고 생각해 보는 것도 좋은 방법입니다.

 ## ③ 콘셉트 정할 때 주의 사항

1 너무 자세한 스토리의 콘셉트는 지양

이모티콘 캐릭터 콘셉트를 정할 때 웹툰이나 만화 캐릭터 같은 구체적인 캐릭터 설정은 되도록이면 넣지 않습니다. 예를 들어 '시계 태엽 토끼'라는 콘셉트를 정하고 '이 토끼는 사람들이 소원을 빌면 과거 또는 미래로 데려가 현재의 소중함을 느끼게 해 교훈을 주고, 캐릭터의 성격은 장난스럽지만 다정하다.'와 같은 상세한 스토리를 콘셉트로 잡는다면 그 스토리는 이모티콘 시안에 나타내기도 어렵고, 채팅방에서 쓰임새 있게 만들기도 어렵습니다.

내 캐릭터의 심오한 서사를 설명하고 싶다면 인스타그램이나 트위터 같은 곳에 웹툰을 올려 스토리 인지도를 먼저 쌓는 방법도 있습니다. 그런 것이 아니라 일단 이모티콘만 제안해 보고자 하신다면 캐릭터의 특징을 한 문장으로 표현할 수 있는 콘셉트를 선택해 주세요.

② 첫 이모티콘은 콘셉트가 강한 것으로

유랑-애옹이의 말랑한 일상　　　어냐-귀욤뽀짝 거북이, 부기등장!　　　연서-안녕! 삐약아

이모티콘에 처음 입문하시는 분들은 위의 예시 이모티콘들처럼 '일상'이 들어가거나 '귀여운'같이 콘셉트가 거의 없는 이모티콘을 제작하고 싶으실 겁니다. 그러나 이렇게 만들 경우 미승인의 고배를 맛보기 쉽습니다. 일주일 동안 제안되는 이모티콘 개수는 2000개가 넘기 때문에 콘셉트가 평범할 경우 기존 작가님들께 밀려 승인받기 힘들기 때문입니다.

곰곰-내성적이었던 어린 토끼　　　곰곰-영화 꽤나 본 토끼　　　삐뚤이-입이 삐뚤어진 오리

처음 입문하시는 분들은 위의 예시처럼 '~한' 캐릭터의 특징이 잘 드러나는 재미있는 콘셉트로 이모티콘을 기획하는 것이 좋습니다. 그림을 잘 그리지 못하고 모션 제작에 서툴 더라도 콘셉트만 좋다면, 퀄리티 낮은 캐릭터와 모션으로도 승인받을 수 있습니다.

③ 캐릭터 타깃 연령 고려하기

콘셉트를 정하는 동시에 어떤 연령대가 내 이모티콘을 선호할지 고민해 타깃을 정해야 합니다. 연령별로 선호하는 디자인이 다른데, 명확한 타깃이 없는 경우 캐릭터 디자인과 콘셉트가 어울리지 않거나 이도 저도 아닌 애매한 캐릭터를 만들게 될 수 있습니다.

동일한 연령대는 비슷한 취향을 가지고 있는 경우가 많습니다. 내 이모티콘 콘셉트가 어떤 연령층에서 수요가 있고, 그 연령층이 선호하는 디자인은 어떤 것인지 살펴본 후 제작해야 합니다. 카카오 이모티콘샵 인기 순위에 들어가면 10대, 20대, 30대, 40대 연령별 인기 순위를 알 수 있습니다.

❶ 10대

삐뚤이-입이 삐뚤어져서
바른말 못하는 오리2

뚜들리-금순이는 멈이를
사랑한대요-금순.ver

10대와 20대는 좋아하는 이모티콘이 비슷합니다. 흰색 캐릭터 선호도가 가장 높으며 심플하게 생긴 디자인이 높은 순위인 경우가 많습니다. 콘셉트는 까불거리거나 상대에게 장난을 치는 이모티콘이 주를 이루며 디자인은 심플하고 콘셉트 강한 이모티콘이 인기 있는 경우가 많습니다.

❷ 20대

유랑-망그러진 곰6   곰곰-난 내일도 까부러   곰곰-잔망쟁이 찹쌀떡

20대도 10대처럼 심플한 디자인에 흰색 캐릭터를 선호하는 것이 비슷하지만 흰색이 아닌 연한 노란색이나 갈색 등의 색상도 많이 보입니다. 10대와 다른 특징은 커플 이모티콘과 직장인 이모티콘이 큰 인기를 끌고 있다는 점입니다.

❸ 30대

단발 신사 숙녀-너 뭐 돼?   왈왈왈-둠칫둠칫 바둑이

30대 이모티콘은 '엽기'를 키워드로 들 수 있습니다. 10대나 20대처럼 몽글몽글하고 심플한 캐릭터보다 퀄리티 있고 '로토스코핑'이라는 기법을 이용한 생생한 표정을 가진 캐릭터가 많습니다. 대부분 직장을 다니고 재테크에 관심이 많은 연령이기 때문에 직장인이나 주식과 같은 콘셉트도 많이 볼 수 있습니다. 10대 20대 캐릭터들보다는 모션이나 캐릭터 디자인 퀄리티가 높기 때문에 초보자에게 추천하지 않는 연령대입니다.

❹ 40대

소콘소콘-울 아빠의 사회생활!

소콘소콘-울 엄마의 따뜻한 메시지!

40대는 30대와 다르게 상대에게 따뜻한 말을 전하는 캐릭터가 많은 인기를 끌고 있습니다. 복잡한 사람 형태가 많으며 캐릭터와 모션 모두 퀄리티가 굉장히 높기 때문에 초보자가 타깃 연령층으로 잡기엔 어려움이 있습니다. 색이 단순한 10대와 20대 캐릭터와 달리 컬러풀하고 채도가 높은 비비드 컬러를 사용해 만든 경우가 많습니다.

이처럼 연령대마다 선호하는 캐릭터와 메시지가 다르기 때문에, 타깃 설정을 잘못하고 캐릭터를 만들 경우 이상한 결과물이 나올 수 있습니다. 까불거리는 콘셉트의 캐릭터는 10대에서 인기 많은 유형인데 캐릭터 외형을 40대가 좋아하는 캐릭터로 만들고 40대를 타깃으로 잡아 캐릭터를 제작했다고 하면 미승인의 이유가 될 수 있습니다. 만들고 싶은 캐릭터와 비슷한 캐릭터를 찾아 어떤 연령대에서 인기 많은 유형인지 확인해 보고 타깃에 맞는 이모티콘을 제작하시는 걸 추천합니다.

이모티콘의 꽃,
다양한 감정을 표현하는 메시지 정하기

콘셉트를 정했다면 이모티콘 한 세트를 구성할 감정 표현과 메시지들을 정합니다. 이모티콘의 주된 목적은 감정 표현입니다. 사람들이 유용하게 쓸 수 있는 감정 표현과 메시지로 이모티콘을 구성하는 게 중요합니다.

 **메시지를 구성하는 방법**

콘셉트를 기획했다면 콘셉트와 어울리는 메시지를 구성할 차례입니다. 콘셉트가 너무 강해서 텍스트로 콘셉트를 표현해야 되는 경우가 아니라면 이모티콘의 기본 감정인 희로애락을 토대로 제작하면 됩니다. 주의할 점은 캐릭터가 어떤 성격이나 콘셉트를 가졌는지에 따라 같은 감정이어도 다른 메시지로 표현할 수 있다는 것입니다. 이모티콘 메시지를 어떤 식으로 표현하는지 자세히 알아보겠습니다.

1 이모티콘에 자주 쓰이는 기본 표현 활용하기

사용자가 자주 쓸 수 있는 활용도 높은 이모티콘을 제작하기 위해선 자주 사용하는 기본 표현들을 알아야 합니다. 콘셉트가 강한 이모티콘일 경우 콘셉트를 돋보이기 위해 기본 표현을 사용하지 않을 수 있지만 그게 아니라면 기본 표현을 토대로 만드는 것이 좋습니다.

사랑, 웃음, 응원, 축하, 식사, 슬픔, 놀라움, 피로, 공포, 수면, 인사, 동의, 거절, 감사, 화남, 사과, 궁금, 칭찬, 뿌듯, 감동, 심심, 해탈, 안부 묻기

앞의 단어는 이모티콘에 자주 쓰이는 표현들입니다. 같은 항목이라도 감정의 세기에 따라 여러 가지 표현을 할 수 있습니다. '슬픔'의 감정을 표현할 때 '힝'이라는 메시지를 넣으면 약간 삐친 듯한 모습을 연출할 수 있고 '엉엉엉'이라는 메시지를 사용하면 캐릭터의 슬픔이 극대화된 모습을 보여 줄 수 있습니다. 감정 세기에 따라 다른 느낌을 줄 수 있어서 제작할 시안은 무궁무진합니다. 이모티콘을 제작할 때 텍스트 없이 캐릭터 동작이나 표정으로도 감정 표현할 수도 있지만 캐릭터 성격이나 콘셉트를 확실하게 드러내고 싶은 분, 동작 표현이 서툰 입문자 분들은 글자를 넣어 제안하시는 게 승인에 유리합니다.

이모티콘 기본 표현 텍스트 예시

사랑	사랑해, 뽀뽀해 주께, 내가 더 사랑해
웃음	ㅋㅋㅋㅋ, 픕, 푸하하, 깔깔
응원	파이팅, 아자아자!, 할수이따!, 으쌰으쌰, 힘내!
축하	축하해, ㅊㅋㅊㅋ, 행복한 생일 보내!
식사	밥 먹자, 밥 먹었니?, 배불러, 뭐 먹지?, 배고파
슬픔	ㅠㅠㅠㅠ, 흐으윽, 흑흑, 으앙, 힝
놀라움	헉, !, !?, 띠용, 우와, 깜짝이야, 화들짝
피로	파스스, 피곤해, 방전, 졸려, 커피수혈
공포	ㄷㄷ, 무셔, 오들오들, 덜덜
수면	잘자, 잔다, 내 꿈 꿔, 꿀잠
인사	하이, 안녕, 굿모닝, 반가워요
동의	ㅇㅇ, 알겠음, 오키, 맞아
거절	ㄴㄴ, 안됨, 놉, 싫어, 절레절레
감사	감사합니다, ㄱㅅㄱㅅ, 땡큐, 고마워요, 감동
화남	깊은 빡침, 딱 대, 부글부글, 짜증, 용서 못 해
사과	미안합니다, ㅈㅅ, 죄송합니다, 쏘리
궁금	?, 나도 알려 줘, 뭐야뭐야?, 와이?
칭찬	잘했어, 굿굿, 최고!, 므찌다, 칭찬해
뿌듯	훗, 뿌듯!, 내가 해냄, 우쭐, 당당
심심	심심해, 빈둥빈둥, 나랑 놀 사람?, 할 게 없어

다만, 보여 드린 기본 예시만 활용해서 이모티콘을 제작하면 매력 없는 캐릭터를 만들기 쉽습니다. 캐릭터가 어떤 콘셉트, 성격을 가지고 있는지에 따라 기본 표현을 사용하지 않을 수도 있고 킬링 메시지를 넣어 콘셉트를 재미있게 표현할 수 있습니다. 캐릭터 콘셉트에 맞는 메시지로 매력적인 캐릭터를 만들어 보세요.

② 콘셉트가 잘 표현되는 메시지

토사장-영화 꽤나 본 토끼

김나무-작가님 마감이 얼마 안남아서요..

예시로 '영화 꽤나 본 토끼'라는 이모티콘이 있습니다. 이 캐릭터는 영화에서 자주 쓰는 대사를 모아 제작했기 때문에 기본 메시지를 전혀 사용하지 않고 '영화에서 자주 쓰는 대사', '명대사'들을 사용해 메시지 구성을 하고 있습니다. 김나무 작가님의 '작가님 마감이 얼마 안남아서요..'는 작가에게 독촉하는 메시지를 재미있게 표현한 이모티콘입니다. 이 작품도 기본 표현들이 들어가 있지 않은 걸 확인할 수 있습니다.

위 예시들처럼 콘셉트가 강할 때는 기본 감정 표현을 무시하고 제작하는 경우가 많고, 콘셉트가 없는 것보다 승인받기 쉽다는 장점이 있습니다. 반면에 일반적으로 사용하기는 어려워서 대중성이 떨어지는 단점이 있습니다.

③ 캐릭터의 성격을 살린 메시지 표현 방식

같은 감정을 나타낼 때, 캐릭터 성격과 콘셉트에 따라 메시지를 나타내는 방식은 천차만별입니다.

곰곰-안녕..? 난 춘삼이!   소리질뤄-갓국인은 무지무지 소리질러!!!   우리패밀리-엄마와 딸

같은 메시지를 전하는 것이라도 캐릭터마다 성격과 콘셉트가 다르기 때문에 표현 방법은 달라집니다. '안녕..? 나는 춘삼이' 캐릭터는 쑥스러움을 많이 타는 캐릭터이기 때문에 텍스트 없이 하트를 수줍게 들고 있는 방식으로 사랑이라는 감정을 표현합니다. '갓국인은 무지무지 소리질러!!!'는 제목에서도 느껴지듯이 소리지르는 콘셉트를 가지고 있어서 사랑이라는 메시지를 '알럽유!!'라고 소리지르는 방식으로 표현하고 있습니다. '엄마와 딸'은 엄마가 딸에게 말하는 콘셉트이므로 사랑한다는 걸 표현할 때 '딸~ 사랑해~'라는 텍스트로 표현하고 있습니다. 같은 메시지라 하더라도 성격과 콘셉트에 따라서 다르게 표현할 수 있다는 점을 꼭 기억하고 제작해야 합니다.

여러분의 캐릭터 콘셉트는 무엇인가요? 콘셉트에 맞는 표현 방법을 만들어 보세요.

〈예시〉

제목: 난 호락호락 하지 않아..! 호락이

콘셉트: 하찮은 호랑이인데 자신이 용맹한 줄 알고 센 척하려고 노력한다.
콘셉트 전달 방법: 모든 메시지 끝에 '..!'를 넣어 센 척하는 성격을 드러낸다.

뭐해 → 모..모해..!
놀아줘 → 놀아줘..!
메롱 → 메..메롱..!

② 텍스트를 작성하는 노하우

이모티콘은 캐릭터만큼 텍스트를 작성하는 것도 중요합니다. 저는 이모티콘 메시지 구성을 위해 재밌는 메시지가 생각나면 틈틈이 메모하고 있습니다. 미리 적어 둔 메모로 이모티콘을 만들 수 있다면 좋겠지만 메모에 적어 둔 텍스트가 콘셉트에 어긋나서 쓸 수 없거나 시안 개수보다 메모가 적을 때도 많습니다. 그럴 때는 이모티콘 플러스를 이용해 이모티콘샵에 있는 이모티콘을 분석하거나 대화 형식으로 메시지를 구성해 부족한 개수를 채웁니다.

다음은 제가 사용하고 있는 작성법입니다. 아래 방법들을 참고하여 자신만의 참신한 메시지들을 만들어 이모티콘을 구성해 보세요.

🔳 평소에 쓰는 단어 메모하기

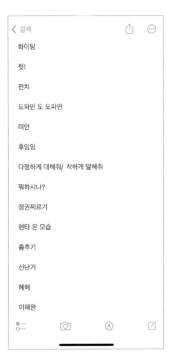

이모티콘은 우리 일상과 밀접하게 관련되어 있습니다. 친구와 일상 대화를 나눌 때 메

모를 해 두는 습관은 이모티콘 제작에 도움이 됩니다. 친구와 대화할 때 '킥킥킥'이라는 웃음 소리가 귀엽게 느껴졌다면 메모해 둔 다음, 기본 감정을 담은 이모티콘을 제작할 때 웃음의 텍스트를 '킥킥킥'으로 채울 수 있습니다. 적어 두지 않은 아이디어는 휘발되니 꼭 메모하는 습관을 만들어 주세요.

② 이모티콘 플러스 확인하기

이모티콘 플러스가 생기고 이모티콘 제작이 전보다 더 쉬워졌습니다. 작가가 큰 고생하지 않고도 좋은 레퍼런스를 찾을 수 있게 되었기 때문입니다. 이모티콘을 제작하실 때 카카오톡 구독 서비스인 이모티콘 플러스를 꼭 구독해 보시는 걸 추천합니다. 이모티콘 플러스를 구독하면 해당 아이콘을 클릭했을 때 카카오가 분류해 놓은 메시지를 확인할 수 있습니다. 표현하고 싶은 감정이 떠오르지 않을 때 참고하기도 좋고 이모티콘 감정을 클릭하면 다른 작가님들은 어떤 메시지를 쓰고 있는지 확인해 볼 수도 있습니다. 퀄리티 높은 작품을 참고해서 작품을 만드는 건 실력을 올리는 가장 좋은 방법 중 하나입니다. 이모티콘 플러스에서 여러 개의 레퍼런스를 찾아 제작해 보세요.

③ 대화 형식으로 만들어 보기

메시지를 대화 형식으로 구성하는 방법도 있습니다. 대화 형식은 이모티콘을 주고받으며 티키타카 할 수 있도록 메시지를 구성한 것을 말합니다. 앞 페이지의 캐릭터는 장난스러운 콘셉트로 만들어 친구를 "야!!!" 하고 소리질러 부르고 친구는 "왜!!!" 하고 대답하며 친구들끼리 재미있게 쓸 수 있도록 만들었습니다.

대화 형식은 커플 이모티콘을 제작할 때도 좋습니다. 위의 예시는 보시면 '자기야 자기야 자기야' 하고 부르고 '왜에 왜에 왜에'라고 대답하는 메시지를 채워 넣었습니다. 서로 티키타카하는 대화를 넣어 제작해 보시는 것도 추천합니다.

4 통일감 있는 말투로 만들어 보기

캐릭터 콘셉트에 따라 비슷한 말투를 보여 주면 전체적으로 통일감 있는 모습으로 보입니다. 통일감 있는 텍스트는 캐릭터 콘셉트를 좀 더 강화해 줍니다. 왼쪽에 있는 캐릭터 콘셉트는 하찮지만 자신을 용맹한 맹수라고 생각하는 콘셉트입니다. 만만해 보이고 싶지 않은 모습을 말끝에 느낌표를 붙이는 방식으로 표현해 콘셉트를 강화했습니다. 오른쪽에 있는 캐릭터 예시는 〈음슴티콘〉으로, 메시지 끝을 모두 '-음'으로 끝내서 통일감을 줍니다.

　통일감 있는 말투로 메시지를 만들면 이모티콘의 콘셉트를 확실히 보여 줄 수 있기 때문에 그림 퀄리티가 낮을 때 이 방법을 사용하면 그림의 부족함을 보완해 줄 수 있습니다.

3 폰트 선정과 텍스트 배치하는 법

1 텍스트 배치하는 방법

　텍스트를 넣는 게 필수는 아니지만 텍스트를 넣을 경우 배치도 중요합니다. 캐릭터가 중앙에 있는 경우 텍스트는 어느 한 곳에 쏠리지 않게 중앙에 배치하고 왼쪽에 그림이 쏠려 있는 경우 오른쪽에 텍스트를 넣어 전체적인 균형을 맞추는 것이 좋습니다.

2 캐릭터에 어울리는 폰트 고르기

곰곰-잔망쟁이 찹쌀덕 3　　　　　찬비-박대리! 오늘도 힘내자!

이모티콘에 잘 어울리는 폰트를 고르는 것은 중요한 일입니다. 귀여운 디자인의 이모티콘인데 진지해 보이는 궁서체를 사용하면 사람들은 매치가 잘 되지 않는다고 생각할 확률이 큽니다.

귀여운 이모티콘은 대체로 '동글동글한' 느낌을 가진 손글씨를 사용하는 경우가 많고, 코믹한 이모티콘은 궁서체 또는, 고딕체를 사용해서 만드는 경우가 많습니다. 눈누라는 사이트에서 글씨체별로 폰트를 분류해 놓았으니 참고해서 제작하시길 바랍니다.

3 손글씨 쓰는 방법

손 글씨로 텍스트를 완성하고 싶은데 평범한 글씨체를 가지고 계신 분들이 많을 것입니다. 그런 분들이 선택할 수 있는 방법은 마음에 드는 폰트를 아래에 깔고 레이어를 위쪽에 만들어 따라 쓰는 방법입니다. 만들어져 있는 폰트를 바탕으로 글씨를 쓰면 글씨의 높낮이나 크기가 정돈되어 가독성이 높아집니다. 물론 폰트에도 저작권이 있기 때문에 그대로 사용하면 안 됩니다. 폰트 원형을 그대로 쓰지 않고 나에게 맞게 조금씩 변형해서 쓰면 나만의 스타일로 예쁜 손글씨를 완성할 수 있기 때문에 이 방법으로 작업하시는 것을 추천합니다.

메시지 제작 시 주의 사항

앞서 배운 방법으로 메시지를 짰다면 마지막으로 메시지를 점검해야 합니다.

1 콘셉트나 타깃을 벗어나는 메시지가 있는지 확인하기

이모티콘 입문자 분들의 시안을 보면 메시지가 콘셉트나 타깃을 벗어난 경우가 많습니다. 예를 들어 콘셉트를 소심한 아이로 정해서 메시지를 소심해 보이게 잘 짰는데 뜬금없이 '야!!!'같이 어울리지 않는 메시지를 넣거나, 타깃을 40대로 잡고 캐릭터를 만들었는데 '가능해요'라는 말을 10대들이 많이 쓰는 '쌉가능' 등의 메시지로 쓴다면 이 또한 미승인의 이유가 될 수 있습니다. 모든 메시지가 콘셉트와 어울리는지 확인해 주세요.

2 채팅방에서 활용도 높은 메시지인지 확인하기

이모티콘 사용 공간은 채팅방이라는 걸 잊으면 안 됩니다. 텍스트가 채팅방 내에서 어떻게 쓰일지 머릿속으로 상상해 주세요. 채팅방에서 쓰지 않을 것 같은 텍스트라면 과감히 지우는 것이 필요합니다. 예시로 '나 등 좀 긁어 줘'라는 문장은 실제로는 자주 쓰일 수 있는 말이지만, 채팅방에선 등을 긁어 줄 수 없기 때문에 거의 사용하지 않는 문장입니다. 이모티콘 사용 공간이 채팅방이라는 걸 꼭 잊지 말아 주세요.

3 누가 언제 어떻게 쓸지 생각하기

이모티콘을 제작할 때 개인방 대화, 그룹방 대화, 연인 사이, 친구 사이, 직장에서, 가족끼리 등 누가 언제 어떻게 사용할지 정확한 타깃을 정하고 제작하는 것이 좋습니다. 직장에서 쓰는 이모티콘으로 콘셉트를 잡았다면 1:1 대화방에서 상사에게 쓰는 메시지와 직장 단톡방에서 사용하는 메시지는 다를 수 있습니다. 어떤 채팅방에서 내 이모티콘을 사용하게 만들지도 고민해서 제작해 주세요.

❹ 중복되는 단어는 없는지 확인하기

메시지를 모두 정했다면 동일한 의미의 단어는 없는지 확인해야 합니다. 예시로 '하이!'와 '안녕!'은 단어는 다르지만 전달하는 메시지는 같죠. 그러면 이 둘 중 하나는 빼서 중복되지 않게 만들어 주면 됩니다.

❺ 저작권 및 윤리지침 확인하기

카카오 이모티콘 스튜디오 홈페이지에 들어가면 저작권 및 윤리지침이 공지돼 있습니다. 저작권이나 윤리지침에 어긋날 경우 미승인의 원인이 될 수 있으니 윤리지침을 확인한 뒤 제작해 주세요.

윤리, 비즈니스, 저작권 필수 지침

1. 도덕성 및 윤리지침 부분- 범죄, 폭력, 성적 표현 등 미풍양속에 반하는 콘텐츠

- 흡연 연상 및 흡연을 조장하는 콘텐츠
- 반사회적인 내용이 담긴 콘텐츠
- 사회적인 물의를 일으킬 소지가 있는 콘텐츠
- 사람, 사물, 동물 등을 비하하거나 차별하는 내용이 담긴 콘텐츠
- 심한 욕설 및 폭언 등이 담긴 콘텐츠
- 특정 국적이나, 종교, 문화, 집단에 대한 공격으로 해석되거나 불쾌감을 유발할 소지가 있는 콘텐츠
- 특정 종교를 표현하거나 이를 주제로 한 콘텐츠

(중략)

3. 저작권, 상표권 침해 등 표절 행위

(1) 저작권을 침해하는 콘텐츠

- 타인의 저작물(캐릭터, 사진, 이미지, 폰트, 음원 등)을 저작권자의 허락 없이 무단으로 가져와 사용하는 경우
- 타인의 저작물을 이용하였거나, 그에 준하는 정도로 캐릭터, 동작, 구도, 배열, 표현 방식 등이 실질적으로 유사한 경우

(중략)

4) 기타: 트레이싱 및 패러디를 사용하는 콘텐츠

- 만화, 영화, 드라마 등 기존에 존재하는 콘텐츠(이하 '원천 콘텐츠')를 인용하였거나, 콘셉트 등이 연상되는 경우
- 원천 콘텐츠 또는 특정 인물의 행동 등을 인용하였거나, 이를 패러디하여 해당 콘텐츠 또는 인물이 연상되는 경우
  (ex. 특정 안무 및 가사가 동시에 노출되거나, 특정 동작 및 유행어 등이 동시에 노출되는 경우 등)
- 원천 콘텐츠를 로토스코핑 기법을 통하여 사용한 경우

이렇게 메시지 짜는 방법에 대해 알아봤습니다. 메시지는 책상에 앉아 고심하지 않아도 출퇴근 시간이나 자기 전 침대에서 틈틈이 떠올릴 수 있습니다. 떠오르는 메시지가 생기면 모두 메모해 두시고 앞서 배운 방법들을 활용해 가장 좋은 메시지를 추려내 제작해 주세요.

캐릭터 디자인

이모티콘 유형 선택

이모티콘을 처음 시작했을 때 저는 '다른 사람의 그림을 보면 똑같이 따라하게 되지 않을까?'라는 생각에 시장을 잘 살펴보지 않았습니다. 그러던 중 '좋은 예술가는 모방하고, 위대한 예술가는 훔친다'라는 명언을 보고 다른 사람의 작품을 보기 시작했습니다.

작가 한 명의 그림에 빠져 그 사람의 그림을 베껴 그리거나 살짝만 변형해 자신의 것이라 우기는 건 표절이지만, 여러 작품을 보고 새로운 것을 만들어 다른 사람이 처음 본 것 같은 작품을 만들어 낸다면 창조입니다. 시험에 합격하려면 그 시험에 맞는 기출 문제를 풀어야 하는 것처럼 이모티콘 시장에 입문하려면 시장에 있는 작품을 확인해야 합니다. 이모티콘 시장에 어떤 이모티콘 유형들이 있는지 살펴보겠습니다.

이모티콘 시장의 캐릭터 유형은 크게 다섯 가지로 나눠 볼 수 있습니다.

1 기본형

기본형 캐릭터는 머리, 팔, 다리의 형태를 갖추고 있지만 머리카락이나 디테일은 없는 조랭이떡처럼 생긴 캐릭터를 뜻합니다. 이등신부터 팔등신까지 다양한 비율로 그립니다. 캐릭터 디자인보다는 전달하는 메시지나 콘셉트가 강할 때 사용하는 형태입니다. 외형에 큰 특징이 없기 때문에 캐릭터 콘셉트를 특이하거나 재미있게 만들어 줘야 하지만, 그리기 쉽고 캐릭터 디자인 호불호가 거의 없기 때문에 아이디어는 좋은데 그림을 잘 못 그리는 분들께 추천하는 유형입니다.

잘 했구나!

실화냐..

어하냐 니

써노-그랬구나~난 공감요정 구나야　　　김나무-수근수근 우리들의 속마음　　　씨엠제이-전라도 거시기콘 2탄

2 동물형

　　동물형은 이모티콘 시장에서 가장 많이 볼 수 있는 형태입니다. 가장 많이 보이는 동물은 곰, 토끼, 강아지, 오리가 있으며 이 외에도 병아리, 고양이, 다람쥐, 거북이, 공룡 등 다양한 동물이 있습니다. 캐릭터 비율은 이등신으로 아기와 유사한 모습을 하고 있는 경우가 많습니다. 머리는 크고 몸은 짧은 비율로 귀여운 캐릭터를 나타낼 때 적합합니다. 동물형 캐릭터는 첫눈에 봤을 때 귀여운 느낌을 주고 그림 난이도가 높지 않기 때문에 초심자가 그리기 좋습니다.

빨리빨리

소콘소콘-달콤살벌 김미미　　　　　빵실-하찮은 쭈굴 댕댕이　　　　　유랑-망그러진 곰3

팔이나 다리가 짧아 동작을 표현할 때 한계가 있을 수 있습니다. 그럴 땐 해당 시안만 만화적 허용으로 팔을 좀 더 길게 만들거나 허리를 길게 표현해 보완할 수 있습니다.

〈만화적 허용으로 팔을 길게 만든 예시〉
소콘소콘-푸키~ 진좌 귀여워

〈만화적 허용으로 허리를 길게 만든 예시〉
유랑-망그러진 햄터

③ 음식 또는 사물형

일상 생활에서 볼 수 있는 음식이나 사물에서 아이디어를 얻는 경우입니다. 음식과 사물 캐릭터는 이모티콘 시장에서 동물에 비해 비중이 현저히 적은 편입니다. '단호박 - 단호하게 말하는 캐릭터', '고구마 - 답답하게 말하는 캐릭터'같이 동물 캐릭터에 비해 콘셉트를 강하게 밀고 나가야 해서 흥행하기 쉽지 않은 유형입니다.

써노-착하지만 답답한 고구마 친구

김나무-너만 보는 너바라기

써노-단호단호 단호박의 속 뒤집기

④ 사람형

사람형 캐릭터는 이등신 비율부터 팔등신 비율까지 다양한 외형을 가지고 있는 것이 특징입니다. 이등신같이 몸에 비해 머리가 큰 캐릭터는 사람 형태를 귀엽게 그릴 때 많이 쓰는 비율입니다. 머리에 비해 몸 비율이 커질수록 실제 사람과 가까운 표정과 모션으로 사실적으로 표현하는 경우가 많습니다. 다른 캐릭터 유형과 다르게 디테일 요소가 많이 들어가서 난이도가 높기 때문에 처음 도전하시는 분들께 추천하지 않는 유형입니다.

곰곰-넌 내꺼야(여자.ver)

로브리-귀엽고 예쁘고 다 해! 진이

김나무-애교 쩌는 친구

⑤ 메시지형

그림이 아예 없거나 작게 들어가 있는 텍스트 위주의 이모티콘입니다. 10대와 20대 사이에서 크게 인기 있는 유형은 아니기 때문에 30대와 40대를 타깃으로 해 제작하는 것이 좋습니다. 대개 상대방을 격려하거나 칭찬하는 메시지로 이루어진 경우가 많습니다. 종종 막말로 이루어진 메시지 이모티콘이 10대와 20대에서 인기를 끌기도 합니다.

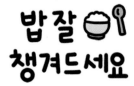

빵실-동글동글 손글씨

사랑그리기-늘, 함께해요.. 반려묘의 사랑메시지

캐릭터 얼굴과 표정 정하기

이모티콘샵에 들어가 레퍼런스를 여러 개 뽑아 새로운 모습으로 바꿔 보는 건 캐릭터를 제작할 때 가장 좋은 방법입니다. 시장 분석을 좀 더 쉽게 할 수 있도록 이모티콘 시장에 출시되어 있는 캐릭터 특징 몇 가지를 알려 드리겠습니다.

1 얼굴형

호감이 가는 귀여운 얼굴로 만들 때 얼굴형을 각지거나 뾰족하게 만드는 경우는 거의 없습니다. 동그란 모양을 기본으로 세로폭보다는 가로폭을 더 넓게 만들고, 귀여운 볼 표현을 위해 얼굴 중간에 굴곡을 넣어주는 유형이 가장 많습니다.

각진형   둥근형   볼록한형

2 얼굴 비율

캐릭터가 아기와 유사한 모습을 하고 있어야 첫 인상에 호감을 주기 쉽습니다. 아기와 성인 얼굴 비율의 큰 차이점은 중안부에 있습니다. 아기는 눈과 입이 가까운 특징을 가지고 있고 성인은 눈과 입이 먼 특징이 있습니다. 귀여운 캐릭터를 그리고 싶다면 눈과 입 위치를 가깝게 그리는 게 유리합니다.

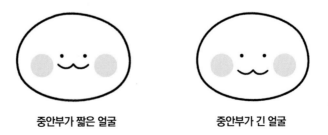

중안부가 짧은 얼굴   중안부가 긴 얼굴

3 귀

귀 모양은 캐릭터가 어떤 동물인지 구분 지을 수 있는 큰 특징입니다. 어떤 위치에 어느 정도의 길이로 그리느냐에 따라 다른 느낌을 낼 수 있습니다. 기본형 캐릭터는 귀를 생략하는 경우가 많지만 토끼나 곰, 강아지, 고양이를 표현하기 위해서는 꼭 표현해 줘야 하는 요소입니다.

강아지   사람   고양이

토끼   곰

Tip

토끼는 긴 귀를 가지고 있어서 세로 폭 캔버스를 다른 동물보다 더 차지하기 때문에 캐릭터 크기를 다른 캐릭터에 비해 작게 만들어야 할 수 있습니다. 캐릭터 크기를 덜 줄이고 싶을 경우 귀가 접힌 모습으로 디자인을 하면 캐릭터 크기를 덜 줄일 수 있습니다.

4 눈

기본형 캐릭터나 동물형 캐릭터들은 대부분 특징 없는 점 눈을 하고 있는 경우가 많습니다. 레퍼런스도 가장 많고 간단한 점으로 눈을 연출할 수 있기 때문에 처음 시도하시는 분이라면 무난한 점 눈을 골라 사용하시는 게 좋은 방법입니다.

두 번째로 동그란 눈은 마냥 귀여운 캐릭터보다는 장난스럽거나 정신 나간 것 같은 캐릭터를 표현할 때 많이 쓰는 눈 모양입니다. 점 눈보다 레퍼런스도 적고 캐릭터의 콘셉트와 어울리게 써 줘야 하기 때문에 초심자에게 추천하는 눈 모양은 아닙니다.

세 번째 반짝이는 눈은 그림판에서 쓸 것 같은 브러시와 조합해 어릴 때 그렸던 것 같은 그림으로 연출해 주는 경우가 많습니다. 트랜디한 캐릭터를 만들 때 자주 사용하는 눈입니다. 네 번째 눈처럼 화려하게 생긴 눈은 10대와 20대가 아닌 40대를 주 타깃으로 제작하는 경우가 많습니다. 디자인이 복잡하기 때문에 그림 실력이 좋은 분들께 추천해 드리는 유형입니다.

점 눈	동그란 눈	반짝이는 눈	화려한 눈
곰곰-안녕..? 나는 춘삼이	쮸구렁곰탱이-얼굴도 인성도 꾸겨진 쮸구렁곰탱이	소콘소콘-말캉몰캉 냐냥찌	소콘소콘-울 엄마의 여가생활!

5 코

이모티콘 캐릭터는 코 표현을 생략하는 경우가 많지만, 곰이나 강아지 같은 검은 코가 포인트인 동물은 간단한 점으로 코를 연출할 수 있습니다. 실제 사람과 비슷한 로토스코핑 기법을 활용한 캐릭터엔 코를 그려 주는 경우가 많지만 이외에는 대부분 코를 따로 표현하지 않습니다.

코를 생략한 경우	점으로 표현한 코	로토스코핑 기법을 사용한 캐릭터의 코
빵실-여전히 귀엽지만 하찮아	유랑-댕글댕글 댕곰이 2	써노-트롯킹 : 멋진 인생

6 입

입 모양은 평범한 일자 형태, 더블유(w) 형태, 시옷(ㅅ) 형태를 많이 씁니다. 예외로 오리나 병아리 같은 조류 캐릭터는 부리를 동그란 모양으로 심플하게 만들어 표현해 줍니다. 같은 모양이라도 입 크기에 따라 다른 인상을 줄 수 있습니다. 여러 번 모양을 바꿔 보며 본인의 캐릭터에 가장 잘 맞는 모양을 만드시는 걸 추천합니다.

일자 입
씨엠제이-어쩌라고

더블유(w) 모양 입
소콘소콘-넌 내꺼! 난 내꺼!

시옷(ㅅ) 모양 입
쭈굴곰-쭈굴곰은 오늘도
쭈굴쭈굴

부리 모양 입
유랑-파괴왕 오리

 **3** 캐릭터와 어울리는 브러시 고르기

복잡한 일러스트는 다양한 브러시로 그림을 세밀하게 묘사하지만 이모티콘은 다릅니다. 이모티콘은 작은 화면으로 보는 그림이기 때문에 브러시 모양 구분이 어렵습니다. 따라서 다양한 종류의 브러시가 아닌 캐릭터 분위기를 바꿀 수 있는 특징 있는 브러시를 사용합니다.

1 브러시의 종류

(1) 모노라인 브러시

프로크리에이트에 있는 모노라인 브러시는 깔끔한 선을 그릴 수 있는 브러시입니다. 깔끔한 선을 가진 캐릭터를 만들 수 있어서 이모티콘에서 가장 많이 사용합니다.

이모티콘은 다음 예시처럼 필압을 0으로 설정해 모든 구간에서 선 굵기를 일정하게 만들어주는 경우가 많습니다.

써노-단호단호 단호박의 속 뒤집기

아래 예시는 필압이 있는 모노라인 브러시로 그린 이모티콘입니다. 이모티콘 시장은 일정한 선으로 그려진 이모티콘을 선호해서 일반적으로 필압이 있는 브러시로 이모티콘을 그리진 않습니다. 만약 필압이 있는 브러시로 이모티콘을 제작하고 싶다면, 브러시 스튜디오에 있는 Apple Pencil 부분에서 크기를 조절해 필압을 줄 수 있습니다. 브러시 스튜디오의 Apple Pencil에서 크기를 0으로 하면 필압이 없어지고 수치를 높이면 필압이 생깁니다.

우리패밀리-엄마와 아들 (엄마ver.)

(2) 거친 선 브러시

털이 복슬복슬해 보이는 캐릭터에 자주 쓰는 브러시로 캐릭터 굿즈 상품에서 많이 볼 수 있는 선입니다. 선 자체가 부슬부슬해 선 위치를 살짝 잘못 그려도 크게 티가 나지 않습니다. 선을 섬세하게 그리지 않아도 되기 때문에 다루기 쉽다는 장점이 있습니다.

에렘-사랑이 하고픈 알라리

(3) 픽셀 브러시

픽셀 브러시는 네모난 점들이 선으로 이어진 것으로, 깨져 보이는 선 모양을 가지고 있습니다. 장난스럽고 하찮아 보이는 캐릭터와 그림판에서 그린 것 같은 캐릭터를 표현하고 싶을 때 많이 사용하는 브러시입니다. 이 선을 사용할 때 캐릭터를 의도적으로 삐뚤빼뚤하게 그리는 경우가 많습니다.

소콘소콘-말캉몰캉 냐냥찌

2 브러시 굵기

브러시 굵기는 캐릭터의 매력을 보여 줄 수 있는 중요한 요소 중 하나입니다. 출시되어 있는 이모티콘을 참고해 내 이모티콘에서 어떤 느낌을 내고 싶은지를 확인합니다. 브러시가 얇을수록 선이 조금만 삐뚤어져도 티가 많이 나기 때문에 초보자라면 중간~두꺼운 브러시를 선택해 제작하는 것이 좋은 방법입니다.

유랑-대학생인데요

빵실-하찮은 쭈굴 댕댕이

소콘소콘-푸키~ 진좌 귀여워

3 브러시 색상

브러시 색상은 생각보다 이모티콘의 분위기를 결정하는 데 큰 영향을 미칩니다. 많이 사용하는 브러시 색상으로는 검은색, 갈색, 회색이 있는데 이 중 검은색 브러시를 가장 많이 사용합니다. 검은색은 채팅창과 대비감을 크게 줄 수 있어 가장 많이 사용하지만 자칫 딱딱한 느낌을 줄 수 있기 때문에 회색이나 갈색으로 브러시 색을 바꿔서 표현하는 경우도 있습니다. 브러시 색을 다양한 색으로 바꿔 보며 캐릭터와 어울리는 색을 찾아보시는 걸 추천합니다.

소콘소콘-포퐁~ 행복해져랏!

로브리-오바좀 그만해 햄숙아

써노-여보는 사랑꾼! 댕댕 부부(아내)

4 선을 그리는 방법

깔끔한 선으로 그리는 방법과 의도적으로 선을 망가뜨려 그리는 방법이 있습니다. 깔끔한 선으로 그려져 있는 캐릭터가 많지만 까불거리고 하찮은 모습을 극대화하고 싶을 때는 작가가 의도적으로 손에 힘을 빼고 삐뚤빼뚤한 모습으로 그릴 수도 있습니다.

깔끔한 선 캐릭터

유랑-댕글댕글 댕곰이2

삐뚤빼뚤한 선 캐릭터

곰곰-잔망쟁이 찹쌀떡

 더! 알아보기 선 그릴 때 주의할 점

이모티콘 초심자 분들의 그림을 보면 퀵셰이프 기능을 활용해 도형 느낌이 나는 캐릭터를 그리는 경우가 많습니다. 손그림 느낌을 선호하는 이모티콘 시장에선 경쟁력 없는 그림이기 때문에 과한 퀵셰이프 사용은 추천하지 않습니다.

4 카카오톡에서 선호하는 색 선정

이모티콘 색은 캐릭터의 분위기를 좌우하기 때문에 신중한 선택이 필요합니다. 같은 캐릭터라도 색감 취향에 따라 서로 다른 이모티콘을 선택하므로 많은 사람들의 선택을 받을 수 있는 색감을 선택하는 것이 좋습니다.

카카오톡의 이모티콘은 대부분 귀여운 모습을 하고 있어 귀여움을 극대화할 수 있는 몽글몽글한 파스텔 톤을 가장 많이 사용합니다. 코믹한 이모티콘이나 이용자의 연령대가 높은 이모티콘의 경우 개성을 잘 드러낼 수 있는 원색 계열을 많이 사용합니다.

흰색 캐릭터는 호불호도 잘 갈리지 않고 어떤 배경 화면과도 잘 어울린다는 장점이 있지만 소품이 없으면 자칫 밋밋해 보일 수 있습니다. 반면, 색이 있는 캐릭터는 소품이 많지 않아도 채워진 느낌이 들지만 자칫 호불호가 갈릴 수 있습니다. 판매 수익을 늘리기 위해서는 본인이 만들고자 하는 이모티콘의 콘셉트와 타깃층에 맞는 색감을 잘 선택해 사용하는 것이 좋습니다.

1 가장 기본이 되는 흰색

이모티콘 캐릭터를 채색할 때 가장 많이 사용하는 색은 흰색입니다. 흰색은 호불호가 갈리지 않고 어떤 채팅방 배경색과도 잘 어울립니다. 색을 고르는 게 처음이라 어려우시다면 가장 호불호가 갈리지 않는 흰색 캐릭터로 제작해 보시는 것도 좋은 방법입니다.

빵실-여전히 귀엽지만 하찮아

씨엠제이-경상도 가오티콘

김나무-수근수근 우리들의 속마음

흰색이 너무 단조로운 느낌을 주는 것 같다면 캐릭터에 볼터치나 무늬로 포인트를 주거나 흰색이 아닌 다른 색으로 몸의 일부를 채색하는 방법이 있습니다.

소콘소콘-넌 내꺼! 난 내꺼!

곰곰-안녕? 나는 춘삼이!

로브리-오바좀 그만해 햄숙아

2 대상의 원래 색을 참고해서 채색하기

캐릭터에 어울리는 색을 고를 때, 쉬운 방법이 있습니다. 바로 해당 동물의 색을 참고해서 만드는 것입니다.

뚜들리-하트 뿅뿅! 멈이와 금순이

뚜들리-꼬순이와
꼬순내나는 애착인형

뚜들리-퐁실퐁실 멈이의
방구는 고소해

예를 들어 강아지는 흰색, 갈색, 회색 다양한 색을 가진 동물이라 어떤 색을 넣어도 잘 어울립니다.

그러나 악어 같은 동물은 머릿속으로 떠올렸을 때 초록색인 모습만 떠오를 것입니다. 개구리나 악어같이 색이 정형화되어 있는 캐릭터는 검은색이나 갈색같이 다른 색을 사용하면 이질감을 줄 수 있습니다. 이런 경우, 동물의 색깔에 맞춰 초록색으로 채색

해 주는 것이 좋습니다. 이렇게 채색을 할 때는 캐릭터화하고자 하는 동물의 색을 참고해야합니다.

③ 타깃층에 맞는 색 정하기

더 정확한 색을 정하기 위해선 내 캐릭터의 타깃층을 알고 있어야 합니다. 이모티콘 시장은 흰색 물감을 많이 섞은 것 같은 따뜻한 색감의 파스텔 톤을 선호하는 경향이 있습니다. 원래는 10대와 20대가 파스텔톤을 선호하는 경향이 강하고 연령대가 높아질수록 눈에 확 띄는 비비드한 색감을 선호했지만 요즘엔 40대 연령대에서도 파스텔톤의 캐릭터가 강세를 보이고 있습니다. 내 캐릭터 타깃에 맞춰 캐릭터 색상을 골라 보시기 바랍니다.

더! 알아보기   파스텔 색상은 뭐고, 비비드 색상은 뭔가요?

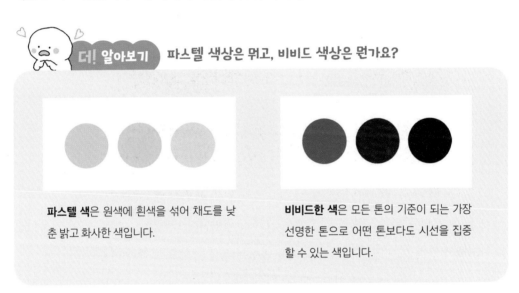

파스텔 색은 원색에 흰색을 섞어 채도를 낮춘 밝고 화사한 색입니다.

비비드한 색은 모든 톤의 기준이 되는 가장 선명한 톤으로 어떤 톤보다도 시선을 집중할 수 있는 색입니다.

 ⑤ **다양한 포즈로 캐릭터 그리는 방법**

이모티콘을 만드는 데 있어서 다양한 포즈를 그릴 줄 아는 것은 매우 중요합니다. 소비자들은 이모티콘을 통해 다채로운 표현을 하기 원하고, 똑같은 포즈를 반복하는 이모티콘은 단조로운 느낌을 주기 때문에 승인을 받기도 어렵기 때문입니다. 승인률을 높이기 위해서라도 캐릭터 동작을 다채롭게 그릴 줄 알아야 합니다.

3년 전만 해도 저는 그림을 그려 본 적이 없어서 캐릭터 동작을 그리는 데 고민이 많았습니다. 제가 다양한 동작을 그리기 위해 처음에 한 행동은 인체 드로잉 책을 사는 것이었는데, 하다 보니 인체 드로잉 책으로 공부하는 것이 이모티콘을 만드는 데에는 비효율적이라 느껴져 방법을 바꿨습니다. 바꾼 방법은 이모티콘 시장에 있는 캐릭터들을 많이 보고 모작해 보는 것이었습니다.

이모티콘 작가가 되기 위해선 이모티콘샵이 선호하는 그림을 그릴 줄 알아야 합니다. 그러기 위해선 작가님들이 잘 만들어 놓은 작품을 그려 보는 것만큼 좋은 방법이 없습니다. 당연히 모작한 그림을 상품으로 판매할 수는 없습니다. 카카오 이모티콘들과 그림체를 비슷하게 만들어 보고, 출시할 이모티콘을 만들 때는 그것을 변형하며 다양한 동작을 만들어 봐야 합니다.

오른쪽 그림은 왼쪽 그림을 참고해서 그린 그림입니다. 캐릭터 고개와 몸이 기울어짐을 참고해서 그려 보고 팔과 캐릭터 표정은 변형해 다른 동작으로 만들어 준 것입니다.

이모티콘들은 약 1.5~2등신으로 대부분 비슷한 덩어리 형태를 하고 있습니다. 왼쪽을 보고 손을 올리고 있는 캐릭터를 만들고 싶다면, 왼쪽을 보고 있는 캐릭터 동작들을 모아 어떤 식으로 그려져 있는지 관찰해서 왼쪽을 보고 있는 얼굴을 그리고, 손을 올리고 있는 캐릭터 동작을 모아 손을 올리는 모습이 어떤 식으로 그려져 있는지 관찰해 보세요.

지금까지 출시돼 있는 이모티콘은 50만 개 이상이기 때문에 이모티콘샵에서 여러분이 원하는 동작을 못 찾을 리 없습니다. 이렇게 캐릭터 동작을 그리고 익히다 보면 동작을 찾지 않고도 빠르게 캐릭터 동작을 그릴 수 있게 됩니다.

레퍼런스 찾는 건 정말 지루한 일이지만 꼭 필요한 공부이니 열심히 해 주세요. 예전에는 작품들을 다 뒤져 보며 레퍼런스를 찾아야 했지만 이젠 '이모티콘 플러스'로 레퍼런스를 찾기 더 쉬워졌습니다.

레퍼런스로 정한 이모티콘을 변형 없이 똑같이 따라하면 표절 작가가 될 수 있습니다. 출시되어 있는 이모티콘을 참고했지만, 내가 어떤 이모티콘을 참고했는지 다른 사람은 알아볼 수 없을 정도로 새롭게 만드는 것이 핵심입니다.

한 가지 더 좋은 방법을 추천해 드리면, 정자세 캐릭터를 그려 놓고 정자세 캐릭터를 수정하며 다른 동작을 만드는 것입니다. 이모티콘은 간단하게 생겨서 비율이 조금만 달라져도 다른 캐릭터의 느낌이 나곤 합니다. 초보자들은 각각의 동작을 일정한 비율로 그리기 어렵기 때문에 정자세 캐릭터를 변형해서 다양한 동작을 그려 보는 것이 좋습니다. 이 내용은 Part4에서 실습을 해 보며 좀 더 자세히 알아보겠습니다.

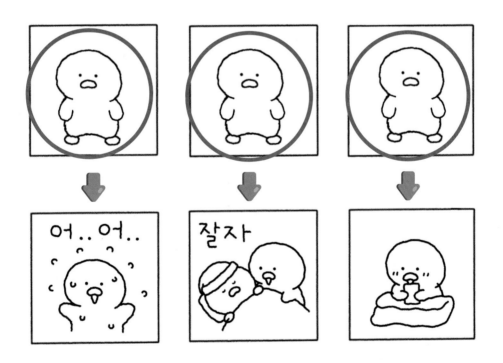

그래도 동작을 그리는 것이 너무 어렵다면 혜지원 홈페이지 자료실에서 제공되는 동작 가이드를 활용해 이모티콘을 제작해 보세요. 다만 동작 가이드만으론 다양한 동작을 표현하는데 한계가 있으니 처음에만 동작 가이드를 사용해 주시고 캐릭터를 그리는 것이 어느 정도 적응되면 동작 가이드는 참고용으로만 쓰고 과감히 버려 주세요.

제공 파일 - 동작 가이드

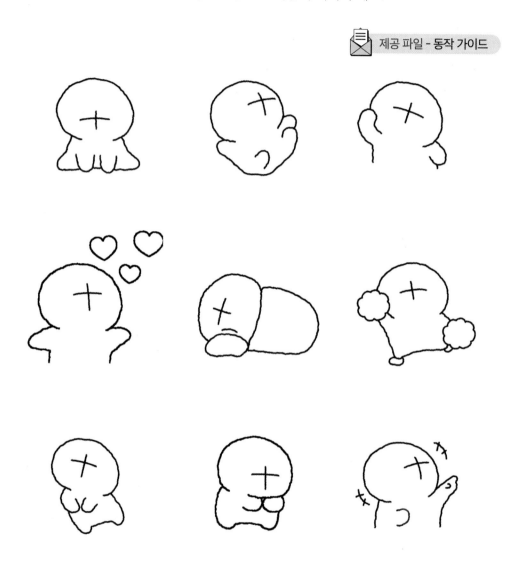

6 캐릭터 소품과 효과들

이모티콘에 소품이 꼭 필수는 아니지만, 소품을 사용하면 시안이 좀 더 다채로워 보이기도 하고, 이모티콘의 콘셉트를 더 잘 드러낼 수 있습니다. 예를 들어, 직장인 이모티콘을 제작할 때 넥타이를 매 주면 직장인 콘셉트를 좀 더 명확하게 드러낼 수 있고, 무엇인가를 축하하는 상황에는 고깔모자와 폭죽을 소품으로 사용하면 보다 신나는 느낌을 표현할 수 있습니다. 또한 반짝이나 눈물 같은 효과는 캐릭터 하나만으론 자칫 밋밋해 보일 수 있는 그림을 완성도 있는 그림으로 만들어 줄 수 있습니다.

| 김나무-퇴준생티콘 | 유랑-흔한 현실 남매 자매 톡 | 써노-바보똥개 아찌가 왜찌! |

상황에 맞는 소품이나 효과는 이모티콘 감정 표현을 좀 더 극대화해 표현할 수 있게 합니다. 소품을 떠올리는 방법은 캐릭터가 어떤 행동을 하고 있을 때 그 주변에 무엇이 있는지 상상해 보는 것입니다. '일하는 중'이라고 말하는 회사원 캐릭터라면 그냥 일하는 중이라고 말하는 것보다는 노트북이나 키보드를 이용해 일하는 모습을 표현하고 복장을 넥타이나 셔츠로 연출해 이모티콘 사용자의 상황을 더 잘 드러내 줄 수 있습니다.

뭔가를 부탁할 때는 상대에게 잘 보이고 싶어 눈이 반짝거리니 주변에 반짝이 효과를 더해 표현을 더 극대화할 수도 있습니다. 그리고 슬픈 상황이라면 대개 눈물을 흘리며 울기 때문에 캐릭터에 눈물을 함께 연출할 수도 있습니다. 만약 적절한 효과나 소품이 생각이 나지 않는다면 이모티콘 플러스나 이미지 검색으로 레퍼런스를 찾아보는 것도 좋은 방법입니다.

소품의 나쁜 예시   소품의 좋은 예시

소품이나 효과를 넣을 때 주의할 점은 디테일한 그림으로 그려 넣는 것이 아닌 간단한 그림으로 표현해야 한다는 것입니다. 이모티콘은 큰 화면에서 보는 그림이 아닌 모바일 기기에서 볼 수 있는 작은 그림입니다. 위 그림 중 소품의 나쁜 예시처럼 작은 소품 속에 그림이 복잡하게 있으면 모바일에서 볼 때 지저분한 점들의 집합으로 보일 뿐입니다. 그림을 복잡하게 그리는 편이라면 불필요한 디테일을 최대한 덜어 내 주세요.

효과의 나쁜 예시   효과의 좋은 예시

위 그림의 나쁜 예시는 캐릭터 뒤에 에어브러시로 뿌옇게 효과를 준 것입니다. 에어브러시는 디지털 느낌이 강한 브러시입니다. 에어브러시는 볼터치 브러시로는 자주 사용하지만 배경 전체에 뿌옇게 에어브러시 효과를 주면 손그림 느낌이 잘 나지 않기 때문에 사용을 지양하는 것이 좋습니다. 오른쪽에 있는 효과의 좋은 예시처럼 어떤 표현인지 한눈에 보이게 그리는 것이 이모티콘샵에서 선호하는 그림입니다.

참고하기 좋은 사이트

Chapter 4

① 핀터레스트

핀터레스트는 사진이나 그림 자료들이 모여 있는 곳으로 디자이너들이 레퍼런스를 찾을 때 가장 많이 이용하는 사이트 중 하나입니다. 핀터레스트는 각각의 사용자들이 자신만의 주제로 '핀보드'를 만들고 이미지를 그 주제에 맞게 아카이빙하는 시스템입니다. 내가 관심 있는 분야를 설정할 수 있고 내가 검색했던 데이터를 토대로 알고리즘이 여러 그림들을 보여 줍니다.

내가 찾고 싶은 레퍼런스가 있을 때 검색창에 키워드를 검색하면 그 키워드와 관련된 그림을 찾을 수 있고, 홈페이지에서 추천하는 아이디어 보드를 통해 다양한 레퍼런스를 볼 수 있습니다.

만약 꽃 그림을 그리고 싶을 때 어떤 꽃을 어떻게 그려야 할지 생각나지 않는다면 검색창에 꽃 일러스트를 검색해서 여러가지 자료를 찾은 뒤, 레퍼런스로 사용하고 싶은 자료를 저장해 두었다가 필요할 때 한꺼번에 모아 볼 수 있습니다.

Giphy

Giphy는 움짤 저장소 같은 곳으로 웃긴 '짤'들이 많이 모여 있는 사이트입니다. 움직이는 이모티콘을 제작할 때 쓰는 확장자인 GIF 파일의 이미지들을 찾을 수 있어서 움직이는 이모티콘을 제작할 때 참고하면 효과적입니다.

검색창에 dance라는 키워드를 치면 여러 가지 이미지가 나오는데, Gifs라는 항목에는 만화나 영상의 클립과 같은 GIF 파일들을 볼 수 있고 Stickers 항목에 가면 우리가 참고하려고 하는 이모티콘과 유사한 캐릭터 자료가 나옵니다. 이 캐릭터 자료들을 참고하면 좋습니다.

3 눈누

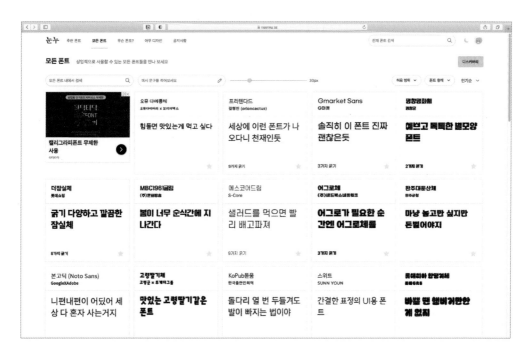

본인 손글씨가 아닌 이상 모든 폰트는 저작권을 가지고 있습니다. 사용 범위를 확인하지 않고 아이패드에 기본으로 설치돼 있는 폰트를 사용한다면 저작권 때문에 나중에 큰 문제가 생길 수 있습니다. 이모티콘은 우리가 판매를 통해 금전적 이득을 얻는 것으로 상업적으로 사용 가능한 폰트인지 확인 후 사용해야 합니다.

눈누는 상업적으로 사용 가능한 다양한 폰트들이 모아져 있는 무료 폰트 사이트입니다. 폰트마다 저작권 범위가 다르기 때문에 라이선스를 꼭 확인해 주신 후 이모티콘에 사용해야 합니다. 폰트를 검색할 때 눈누에 있는 허용 범위를 모두 체크해 주시면 저작권이 자유로운 폰트들을 모아 볼 수 있습니다.

 Tip

사용 범위 조건 중 OFL이 가장 까다로운 조건이기 때문에 OFL이 허용되어 있을 경우 다른 사용 범위는 모두 허용돼 있는 경우가 많습니다. OFL은 제작사에 사용 허락을 받아야 하는 번거로움이 있기 때문에 OFL이 허용되지 않는 폰트 사용은 추천하지 않습니다.

폰트 종류도 선택해 모아 볼 수 있습니다. 이모티콘에 자주 쓰는 폰트는 손글씨체와 픽셀체입니다. 이모티콘 디자인에 어울리는 폰트를 골라 보세요.

이모티팡

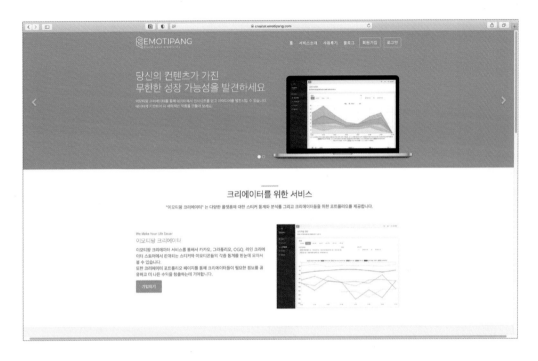

     이모티팡은 캐릭터별 순위 변동을 알 수 있는 사이트입니다. 이모티콘샵에 있는 인기 순위는 기록에 남지 않고 하루에 한 번씩 변화합니다. 대중의 관심도를 살펴보기 위해선 레퍼런스로 활용할 이모티콘이 높은 순위를 며칠간 유지했는지 확인하고 레퍼런스로 사용하는 것도 좋은 방법입니다.

카카오에서 진행하는 프로모션을 받으면 낮은 순위에 있던 이모티콘도 반짝 순위가 오르는 경우가 있습니다. 캐릭터 자력으로 판매가 잘 되는 것인지 프로모션으로 잘 되는 것인지 구분할 줄 알아야 합니다. 구분하는 방법은 이모티콘샵에 자주 들어가 어떤 프로모션이 진행되고 있는지 확인하고 순위 변화를 확인해 보는 것입니다.

먼저 로그인한 뒤 왼편에 있는 스티커별 랭킹을 누릅니다.

카카오 이모티콘 순위를 검색하고 싶으면 플랫폼 검색란에서 카카오를 선택한 후 스티커 선택 부분에 원하는 캐릭터 제목을 쓰고 날짜를 선택한 후 검색합니다. 이렇게 하면 카카오에선 볼 수 없는 이모티콘의 과거 순위를 알 수 있습니다. 회원가입만 하면 무료로 사용할 수 있는 사이트이니 이모티콘을 기획하실 때 사용해 보세요.

이모티콘 뷰어 사이트

이모티콘이 출시됐을 때 어떤 모습일지 미리 볼 수 있는 사이트입니다. 캔버스에 그린 그림과 출시됐을 때의 모습은 미묘하게 달라 보일 수 있습니다. 이모티콘 뷰어에서 출시 후 모습을 미리 확인하고 캐릭터를 완성해 보세요.

이모티콘 뷰어 사용하기를 누르면 모바일 기기와 같은 이모티콘 뷰어 창이 나옵니다. 이모티콘 제안 조건에 맞는 PNG 파일이나 GIF 파일을 넣으면 출시됐을 때 모습을 미리 확인할 수 있습니다.

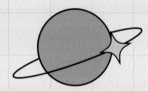

Loading...

Part 3

프로크리에이트로 이모티콘 제작하기

프로크리에이트는 쉬운 인터페이스를 가지고 있어서 디지털 드로잉에 익숙하지 않은 사람들도 금 방 익힐 수 있습니다. Part3엔 이모티콘을 제작할 때 필요한 대부분의 기능을 담아서 이 내용들만 익 히면 이모티콘 제작에 필요한 툴들을 어려움 없이 자유롭게 사용하실 수 있도록 했습니다. 프로크리 에이트에 어떤 기능이 있는지 알아보고 간단한 이모티콘을 만들어 보며 기능을 손에 익힌 후 실전처 럼 한 캔버스에 캐릭터 시안을 완성해 보겠습니다.

프로크리에이트
알아보기

프로크리에이트 기능들을 천천히 살펴보겠습니다. 기능이 많지 않아서 매우 쉬우니 아이패드와 책을 번갈아 보며 천천히 따라와 주시면 됩니다.

이모티콘에 맞는 캔버스 만들기

01 이모티콘 제작할 때 필요한 프로크리에이트 캔버스를 만들어 보겠습니다. 프로크리에이트를 실행시킵니다. 프로크리에이트 앱을 눌렀을 때 제일 먼저 나오는 화면은 갤러리입니다. 내가 그리던 그림 혹은 완성한 작품을 볼 수 있는 공간입니다.

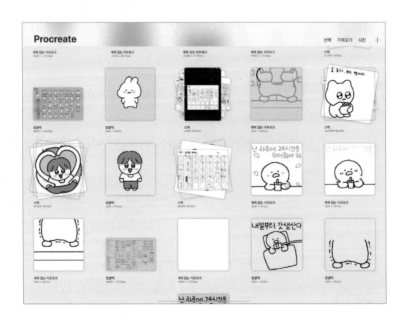

02 갤러리 우측 상단 + 버튼을 누른 다음 '새로운 캔버스' 옆에

있는 아이콘을 누르면 내가 원하는 캔버스를 만들 수 있습니다.

이모티콘은 제출 규격이 있기 때문에, 규격에 맞는 캔버스 만들어야

합니다.

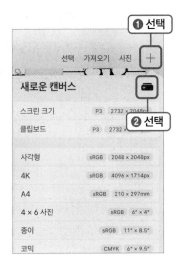

03 크기 탭을 선택하고 너비와 높이를 각각 1000px로 설정합니다. DPI는 72로 지정합니다.

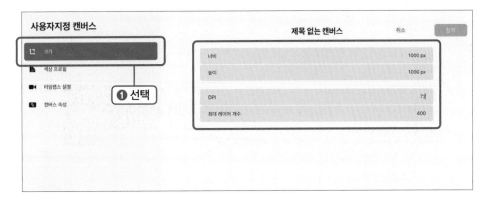

 Tip

● 카카오톡 이모티콘 제출 규격 사이즈는 너비와 높이 모두 360px 사이즈로, 카카오톡에서만 제안하시는 분들은 이 사이즈로 캔버스를 만들어 작업하셔도 됩니다. 다만, 이 사이즈에서 제작하면 다른 플랫폼에 제안하기 어렵기 때문에, 다른 플랫폼에 제안하길 원하시는 분들은 1000px×1000px 사이즈에서 제작한 후 사이즈를 변환하시는 걸 추천해 드립니다.

● DPI는 그림의 해상도입니다. 출력물을 만드는 것이 아닌 모바일과 웹상에서 사용할 그림을 그리는 것이기 때문에, 72로 지정해 주시면 됩니다.

04 색상 프로필 부분에선 CMYK가 아닌 RGB를 선택하고 RGB 선택란에서도 P3가 아닌 sRGB를 선택합니다.

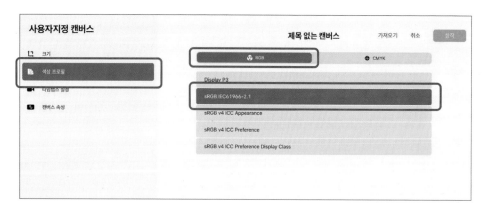

CMYK는 출력물을 만들 때 사용하는 설정값입니다. 이모티콘은 모바일과 웹에서 사용하는 그림이기 때문에 RGB로 설정해 작업해 주세요.

05 모든 설정을 한 뒤 창작을 누르면 다음과 같은 빈 캔버스가 만들어집니다.

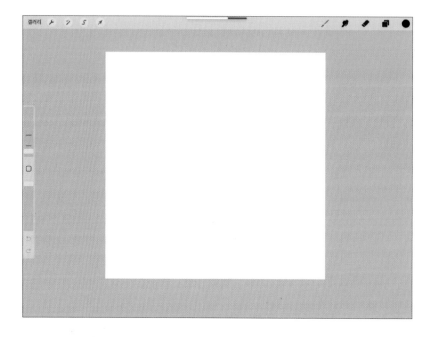

프로크리에이트 인터페이스 살펴보기

프로크리에이트는 디지털 드로잉이 처음인 사람도 쉽게 이해할 수 있는 직관적인 인터페이스를 가지고 있습니다. 먼저 전체 기능들을 살펴본 후 이모티콘 제작에 필요한 기능들을 좀 더 자세히 알아보겠습니다.

오른쪽 상단에 있는 툴들은 '페인팅 도구'입니다. 그림 그릴 때 가장 자주 쓰는 브러시 툴, 문지르기 툴, 지우개 툴, 레이어 툴, 색상 툴이 있습니다. 왼쪽 상단에 있는 툴들은 그림을 편집할 때 사용하는 '편집 도구'로, 그림을 저장할 수 있는 동작 툴, 효과를 줄 수 있는 조정 툴, 그림을 떼어낼 수 있는 선택 툴, 그림을 축소하고 확대할 수 있는 이동 툴로 구성되어 있습니다. 화면의 왼쪽 중간에 있는 사이드바는 브러시 크기 조절, 색상 추출, 브러시 투명도 조절을 할 때 사용합니다. 이제 기능들을 좀 더 자세히 알아보겠습니다.

① 브러시 라이브러리

내가 사용하고 싶은 브러시를 선택한 후 선택된 브러시를 한 번 더 누르면 브러시 스튜디오 창이 나옵니다. 제가 자주 쓰는 설정들을 알려 드리겠습니다.

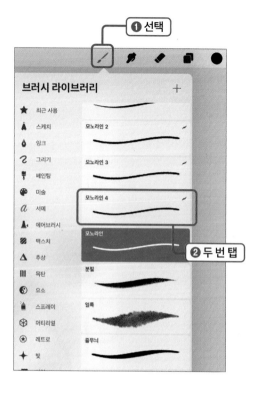

Tip

브러시 아이콘을 누르면 여러 가지 브러시가 나오는데, 제가 제공해 드리는 브러시를 사용하고 싶으시다면 공유해 드린 브러시가 저장돼 있는 폴더에서 브러시 파일을 누르면 '가져옴'이라는 곳에 브러시가 생성됩니다.

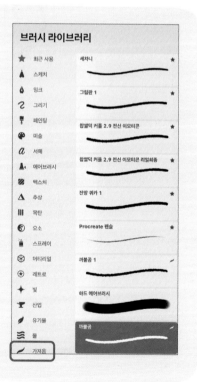

획 경로에서 자주 쓰는 기능은 '지터'입니다. 지터 값을 올리면 선을 구성하고 있던 점들이 옆으로 퍼지며 몽글몽글한 느낌이 나는 브러시로 바꿀 수 있습니다.

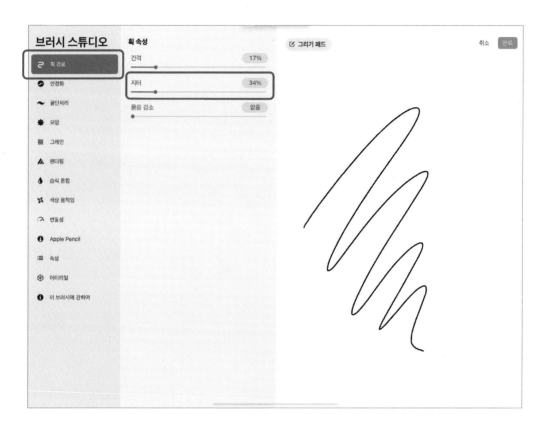

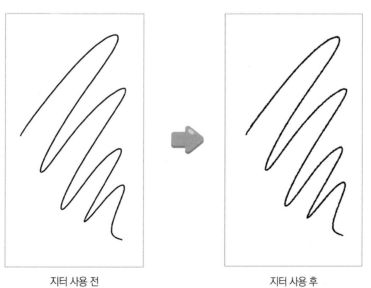

지터 사용 전   지터 사용 후

안정화 항목에서 자주 사용하는 기능은 스트림 라인에 있는 '양' 기능입니다. 선을 곧게 그릴 수 있도록 보정해 주는 역할을 합니다. 밑그림을 그릴 땐 선 보정이 필요 없기 때문에 '양'의 값을 0으로 하거나 낮은 값으로 정하고 선을 곧게 그려야 할 때는 수치를 높여 그리면 됩니다.

Apple Pencil 항목에서는 크기 부분을 조절합니다. 크기 부분에선 필압을 조절할 수 있습니다.

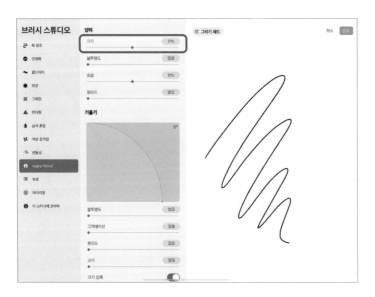

이모티콘은 일정한 선을 선호하기 때문에 대부분 필압의 크기를 0으로 놓고 작업합니다.

필압 크기가 0인 브러시   필압 크기가 100인 브러시

마지막으로 속성 항목에선 브러시의 절대적인 크기를 조절할 수 있습니다. 캔버스에 있는 크기 조절 바에서 브러시 크기를 낮춰도 원하는 만큼 작아지지 않는다면 브러시 속성에서 최소 크기를 0으로 정해 주시면 됩니다.

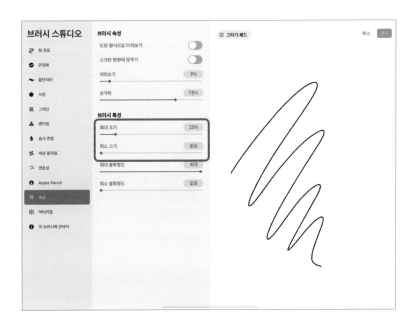

② 문지르기 🖐

손가락 모양의 아이콘은 문지르기 기능입니다. 색을 섞을 때 주로 사용하는데, 이모티콘은 깔끔한 단색을 선호하기 때문에 많이 사용하지 않는 기능입니다.

③ 지우개 ✒

지우개 툴에도 다양한 브러시가 있는데, [에어브러시]에서 [하드 에어브러시]를 가장 추천해 드립니다.

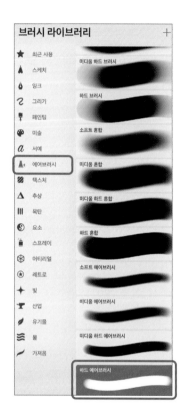

④ 레이어 🗗

디지털 드로잉에서 레이어는 아주 중요한 기능입니다. 레이어는 여러 개의 그림 층을 말하며, 레이어 목록에서 순서가 위로 올라갈수록 화면에서 앞쪽으로 배치됩니다. 레이어를 선택하면 파란색으로 표시되며, 선택된 레이어에 그림을 그릴 수 있습니다.

(1) 레이어 추가 : 레이어 우측 상단에 있는 +를 누르면
새 레이어가 추가됩니다.

레이어 1에 분홍색 하트를 그리고 레이어 2에 파란색 하트를 그리면 두 번째 레이어가
더 위에 있기 때문에 파란색 하트가 분홍색 하트 위로 보입니다. 이때 2번 레이어를 꾹 눌
러 1번 레이어의 아래로 위치를 위로 옮기면 빨강색 하트가 위로 보입니다. 이렇게 레이어
목록에서 위쪽에 위치한 레이어가 화면상에서 앞에 배치됩니다.

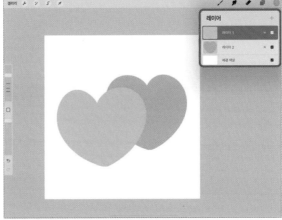

레이어를 분리하는 것은 그림의 수정을 용이하게 합니다. 레이어를 분리해 작업하면 내가 그린 그림에서 선만 수정하고 싶을 때 채색된 부분이 같이 지워지는 등의 불편함 없이, 각각의 레이어에서 수정이 필요한 부분만 수정하면 되기 때문에 작업이 훨씬 수월합니다. 그렇기 때문에 선과 채색은 레이어를 분리해 작업하는 것이 좋습니다.

(2) 레이어 효과 : N을 누르면 레이어에 넣을 수 있는 효과들이 생깁니다. 여러 효과가 있지만 이모티콘 제작엔 불투명도 기능만 사용합니다.

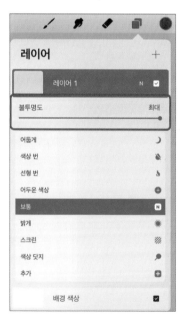

(3) 레이어 보조 기능: 파란색으로 선택되어 있는 레이어를 한 번 더 누르면 레이어 보조 기능들이 생성됩니다. 이모티콘 제작에서는 채색을 손쉽게 할 수 있는 레퍼런스 기능을 가장 많이 사용합니다.

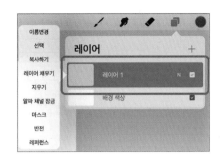

 **더! 알아보기** 레퍼런스 지정하는 방법

01 레이어를 가볍게 터치하면 왼쪽 창에 레퍼런스 기능이 뜹니다.

02 선 레이어에 레퍼런스 기능을 적용시키고 채색 레이어에 색을 부으면 선을 제외한 나머지 부분에 채색할 수 있습니다. 아래 그림처럼 선에 빈틈이 없으면 색이 갇히게 됩니다. 캐릭터를 채색할 때 이 방법으로 채색해 주시면 됩니다.

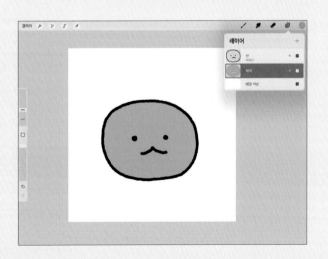

5 색상

아래쪽에 있는 디스크, 클래식, 하모니, 값은 색을 고르는 방법이며 저는 주로 디스크를 사용해 색을 선택합니다. 외부 원형판에서 사용하고 싶은 색을 고른 후 내부에 있는 원형판에서 밝기를 정해 주시면 됩니다. 팔레트에선 내가 원하는 색을 고른 후 저장해 둘 수 있습니다.

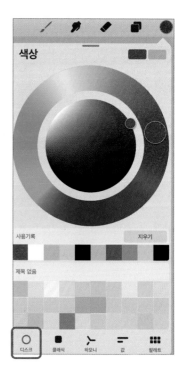

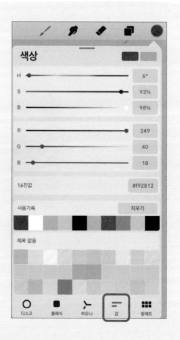

Tip

만약 누군가가 색상 값을 지정해서 그려 달라고 요청할 경우 '값'을 선택하고 해당되는 색상 값의 숫자를 넣으면 정확한 색상을 추출해 줍니다.

6 동작 🔧

(1) 추가 : 파일, 사진, 텍스트를 추가할 때 사용합니다. 주로 사진이나 텍스트를 추가하는 경우가 많습니다.

(2) 캔버스 : 캔버스 사이즈를 줄이거나, 애니메이션 어시스트를 켜거나, 그리기 가이드를 이용해 대칭 또는 직선을 그릴 때 사용합니다.

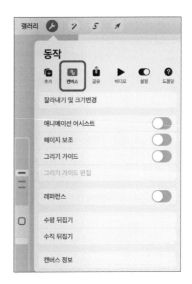

(3) 공유 : 이모티콘 완성 후 다양한 확장자로 파일을 내보내는 곳입니다.

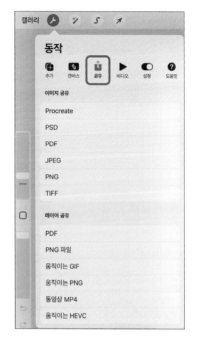

- **Procreate:** 프로크리에이트의 고유 확장자입니다. 각각의 레이어가 모두 살아 있어서 그림을 백업할 때 많이 사용하는 확장자입니다.
- **PSD:** 레이어가 살아 있고 포토샵과 공유할 수 있는 확장자입니다.
- **PDF:** PDF 파일로 내보내는 확장자인데, 이모티콘 분야에선 거의 쓰지 않는 확장자입니다.
- **JPEG:** 용량이 작고 공유하기 쉬운 포맷이지만, 저장했을 때 흰 배경이 나오기 때문에 이모티콘 제작할 때 자주 쓰지 않는 확장자입니다.
- **PNG:** 투명한 배경으로 저장할 수 있어서 이모티콘 제작 시 가장 많이 사용하는 확장자입니다.
- **TIFF:** 화질은 보존되지만 모든 레이어가 하나로 합쳐져서 내보내기 됩니다. 인쇄 시에 사용하는 확장자로 이모티콘 제작엔 잘 사용하지 않습니다.
- **움직이는 GIF:** 움직이는 이모티콘을 제안할 때 사용하는 확장자입니다.
- **움직이는 PNG:** 배경이 투명한 애니메이션 포맷 방식인데, 호환되는 사이트는 많지 않습니다.
- **동영상 MP4:** 작업한 파일을 동영상으로 내보낼 수 있는데 이모티콘 제작에서 잘 사용하지 않는 기능입니다.

(4) 비디오 : 그림 그리는 과정을 녹화해 주는 기능입니다. 용량을 많이 차지하기 때문에 SNS에 작업 과정을 올리는 목적이 아니라면 비활성화하는 것을 추천합니다.

(5) 설정 : 그림 그리기 전 나에게 맞는 설정을 하는 곳
입니다.

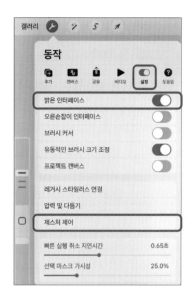

- **밝은 인터페이스:** 인터페이스 색상을 밝게 바꿀 수 있는데
  저는 밝은 색일 때 눈이 아파서 검은 화면으로 사용합니다.
- **제스처 제어:** 제스처 제어 화면에서 일반을 누른 후, 터치
  동작 비활성화를 눌러 주세요.
  터치 동작을 비활성화하면 애플펜슬만 인식되어 그림을 그
  릴 때 유용합니다.

7 조정

그림의 색을 조절하고 효과를 넣을 수 있는 기능입
니다. 이모티콘 제작에선 움직임 흐림 효과를 가장 많이
사용합니다.

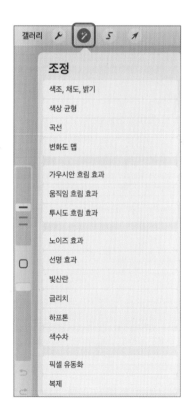

8 선택 ⟋

그림 중 선택하고 싶은 영역이 있을 때 사용하는 기능입니다. 선택 툴을 누르면 아래에 메뉴가 생기는데, 내가 선택하고 싶은 영역을 자유로이 떼어낼 수 있는 올가미 기능을 주로 사용합니다. 캐릭터 전체가 아닌 눈이나 입 같은 일부 영역을 옮길 때 사용합니다.

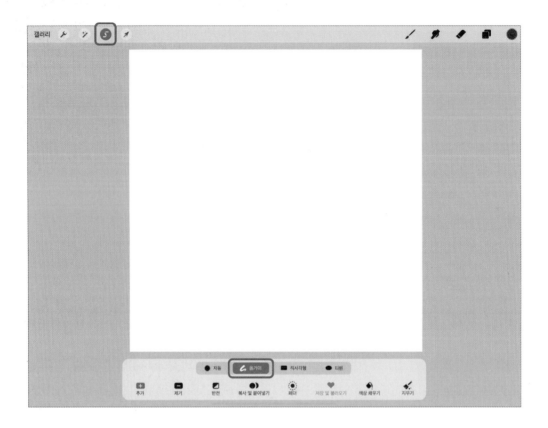

01 선택 툴을 누르면 하단에서 자르는 방법을 고를 수 있는데 거의 '올가미'만 사용합니다. 올가미를 사용하면 아래 이미지처럼 원하는 구간을 지정할 수 있습니다.

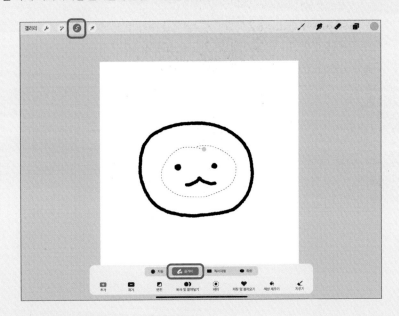

02 올가미로 그림에 구간을 지정하고 이동 툴을 누르면 이동할 수 있는 모양으로 바뀌게 됩니다. 이렇게 하면 눈코입을 원하는 곳으로 이동시킬 수 있습니다.

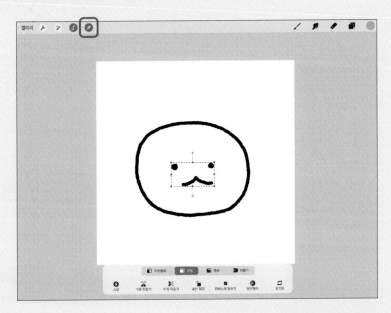

오늘부터 이모티콘 작가

9 이동 ↗

선택한 그림을 확대 축소 또는 이동시킬 수 있는 기능입니다. 이모티콘 제작 시 많이 사용하는 기능은 균등과 자유형태입니다. 균등은 크기를 조절할 때 형태 변형 없이 조절이 가능하기 때문에 많이 사용하고, 자유 형태는 캐릭터를 홀쭉하게 만들거나 통통하게 만들 때 많이 사용합니다.

아래 옵션에서 자주 사용하는 기능은 수평 뒤집기, 수직 뒤집기입니다.

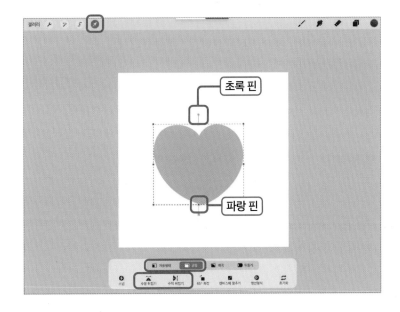

(1) 초록 핀 : 초록 핀을 좌우로 돌리면 각도 조절을 할 수 있습니다.

(2) 파랑 핀 : 파랑 핀을 움직이면 크기 조절을 할 수 있습니다.

(3) 자유형태 : 캐릭터 크기를 비율 상관없이 조절할 때 사용합니다. 선택한 영역을 납작하게 또는 넓게 만들 수 있습니다.

(4) 균등 : 캐릭터 비율이 동일한 채로 크기 조절만 할 때 사용합니다.

(5) 수평 뒤집기와 수직 뒤집기 : 가장 하단에 있는 수평 뒤집기와 수직 뒤집기는 캐릭터 방향을 수평 또는 수직으로 뒤집을 때 사용합니다.

⑩ 사이드 바

(1) 브러시 크기 : 맨 위 조절 바는 브러시의 크기를 조절합니다. 자주 사용하는 크기가 있다면 사이드바를 터치한 후 나오는 창의 플러스 버튼을 눌러 저장할 수 있습니다.

(2) 스포이트 : 브러시 크기 조절 바 아래 네모 칸은 스포이트입니다. 추출하고 싶은 색상이 있을 때 네모 칸을 선택한 후 추출하고 싶은 색상 위에 원을 가져다 대면 됩니다. 원의 가장자리에서 추출된 정확한 색상을 확인할 수 있습니다.

(3) 브러시 불투명도 : 아래의 조절 바는 브러시의 불투명도를 조절합니다. 투명한 브러시가 필요할 때는 수치를 낮추면 되는데, 레이어 투명화 기능이 있기 때문에 브러시 투명화 기능은 잘 사용하지 않습니다.

3 손가락 제스처 알아보기

1 복사, 붙여넣기

이모티콘을 제작할 때는 복사 붙여넣기 기능을 많이 사용합니다. 레이어 창을 켜서 내가 복사하고 싶은 레이어를 선택해 파란 불빛이 들어오게 만들어 줍니다. 불빛이 들어와 있다면 손가락 세 개를 사용해 화면을 위에서 아래로 쓸어내립니다.

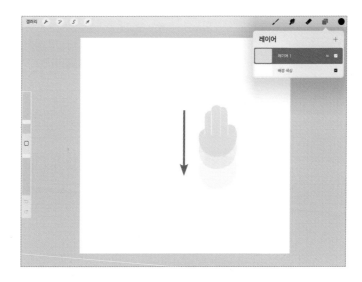

새로운 옵션 창이 뜨면 먼저 [복사하기]를 눌러 줍니다.

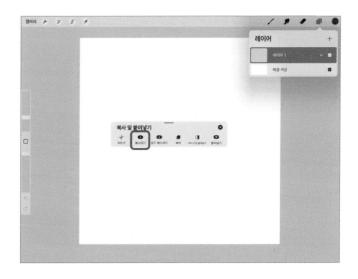

그 다음 붙여넣기를 하기 위해 한 번 더 세 손가락으로 위에서 아래로 쓸어내린 후 [붙여넣기]를 선택해 주시면 그림이 하나 더 생깁니다.

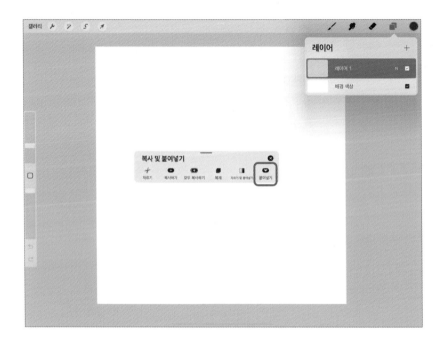

2 뒤로 가기

이전 그림으로 되돌아가고 싶을 때, 손가락 제스처로 쉽게 돌아가는 방법이 있습니다. 두 손가락으로 화면에 가볍게 터치하면 전 단계로 돌아갈 수 있습니다. 손을 떼지 않고 계속 꾸욱 누르면 연속 뒤로 가기가 실행됩니다.

3 앞으로 가기

취소한 작업을 재실행하고 싶은 경우, 손가락 세 개를 이용해 가볍게 터치해 주시면 됩니다. 세 손가락을 꾸욱 누르면 연속 앞으로 가기가 실행됩니다.

간단한 토끼 그림으로 이모티콘 만들어 보기

2 Chapter

캐릭터 그리기

01 이모티콘 작업을 할 수 있는 캔버스를 만들어 보겠습니다. 갤러리 우측 상단 + 버튼을 누른 뒤

📷 아이콘을 선택합니다. 크기를 너비 1000px, 높이 1000px로 설정하고 DPI 72에 색상 프로필은

RGB로 설정합니다.

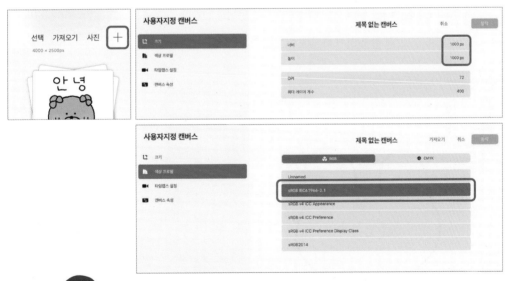

Tip

카카오톡 이모티콘 제출 사이즈는 너비 360px, 높이 360px이지만, 큰 캔버스에서 작업하는 걸 선호하시는 분들은 1000px×1000px 사이즈에 작업하는 경우가 많습니다.

02 이모티콘에 자주 사용하는 브러시를 고릅니다. 우측 상단에 있는 [브러시 라이브러리 ✏️]에서 [서예]-[모노라인]을 선택해 주세요. 만약 필압 있는 펜이라면 앞에서 알려 드린 방법으로 필압을 없앱니다. (86p 참고)

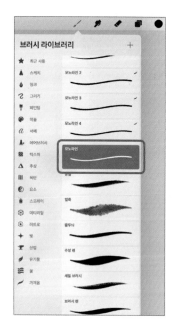

03 레이어 1번에 토끼 형태를 대충 그려 보겠습니다. 사이드 바에서 원하는 브러시 크기를 고릅니다. 브러시 크기를 정했다면 우측 상단 팔레트에서 검은색을 선택해 귀여운 토끼를 그립니다. 나중에 예쁘게 따라 그리는 작업을 할 것이기 때문에 밑그림은 조금 삐뚤삐뚤해도 괜찮습니다.

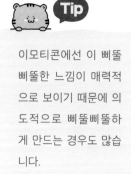

이모티콘에선 이 삐뚤삐뚤한 느낌이 매력적으로 보이기 때문에 의도적으로 삐뚤삐뚤하게 만드는 경우도 많습니다.

04 만약 깔끔한 토끼 캐릭터를 만들고 싶다면 위에 다시 따라 그리면 됩니다. 레이어 1번에 있는 N
을 누르고 불투명도를 50%까지 낮춰 주세요.

05 그 다음 레이어 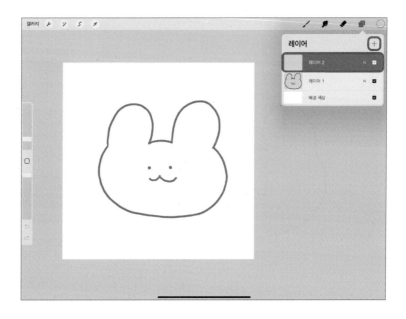에 있는 +를 눌러 레이어를 하나 더 만듭니다. 레이어 2번에 토끼를 깔끔하
게 따라 그려 보겠습니다.

06 깔끔한 선을 그리고 싶을 때는 따라 그리기 전 스트림 라인 수치를 올리면 됩니다. 브러시 스튜디오에 있는 안정화에서 '양' 부분 수치를 100으로 올리면 그림 그릴 때 선이 보정됩니다. 사람마다 편한 수치가 다르니 수치를 바꿔 가며 사용해 보시는 걸 추천합니다.

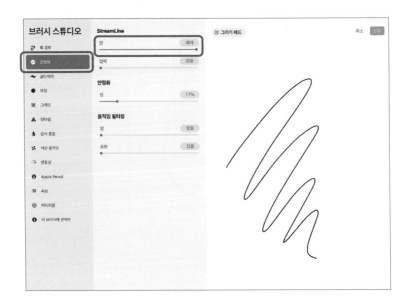

07 그림을 모두 따라 그리고 나면 밑그림은 필요가 없기 때문에 체크 박스를 눌러 레이어 1을 끕니다.

08 이제 채색을 해 보겠습니다. 채색 레이어와 선 레이어를 따로 만들어야 그림 수정이 편하므로 레이어 창에서 + 표시를 눌러 레이어를 하나 더 만듭니다. 선 레이어보다 채색 레이어가 위에 있으면 채색했을 때 캔버스에서 다음과 같이 보입니다.

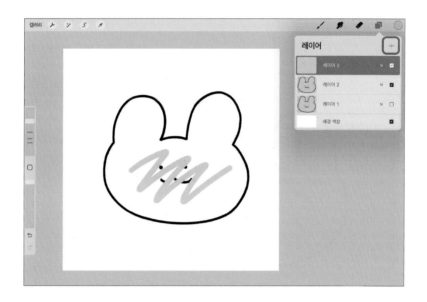

09 캔버스에서 선이 위에 보일 수 있도록 채색 레이어를 꾹 눌러 선 레이어보다 아래로 옮깁니다.

10 선 밖으로 나가지 않게 채색합니다. 일일이 채색해도 괜찮지만 레퍼런스 기능을 사용하면 빠르게 채색할 수 있습니다. 레퍼런스 기능은 선택한 레이어를 제외시켜 주는 기능이라고 생각하면 쉽습니다. 우리는 선을 제외한 부분을 채색하고 싶은 것이기 때문에 선이 그려져 있는 레이어 2번을 레퍼런스로 지정하겠습니다. 레이어 2를 두 번 선택한 뒤 레퍼런스 기능을 체크해 줍니다.

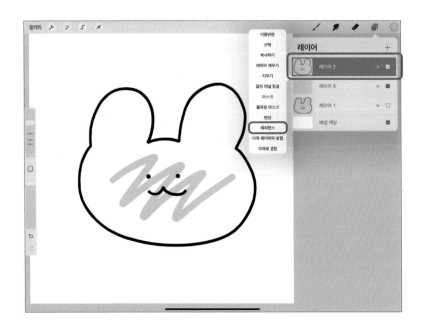

11 선 레이어에 레퍼런스 기능이 켜졌다면 [색상 ●]에서 색을 선택하고 채색 레이어로 지정한 레이어 3을 선택한 뒤 오른쪽 상단의 [색상]을 가볍게 눌러 토끼 얼굴 안으로 끌어가 부어 줍니다.

12 빠르고 쉽게 레이어 3에 채색된 모습을 볼 수 있습니다.

 Tip

[채색 ●]아이콘에 선택된 색을 끌어와 채색하는 기능을 '컬러드롭'이라고 합니다.

13 채색할 때 레퍼런스 기능을 활용하는 게 가장 빠르지만 선에 빈틈이 있는 디자인이라면 올가미 기능과 레퍼런스 기능을 동시에 활용해야 합니다.

선에 빈틈이 있는 디자인

14 선 레이어가 선택되어 있는지 확인합니다.

15 [선택 ⟂]-[올가미] 기능을 선택해 아래 그림처럼 빈틈을 막아 줍니다.

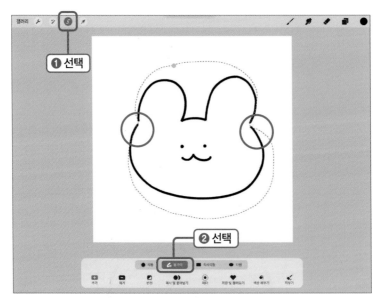

 Tip

색이 빠져나오지 않게 올가미 기능으로 빈틈을 막아 주는 것이 중요합니다.

16 빈틈을 잘 막아 줬다면, 선 레이어에 레퍼런스 기능을 적용시켜 줍니다.

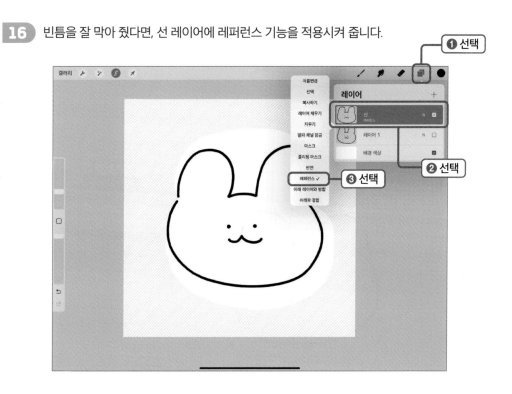

17 채색을 위해 선 레이어 아래에 채색 레이어를 만들고 [색상]의 색을 끌어와 채우면 바로 채색할 수 있습니다.

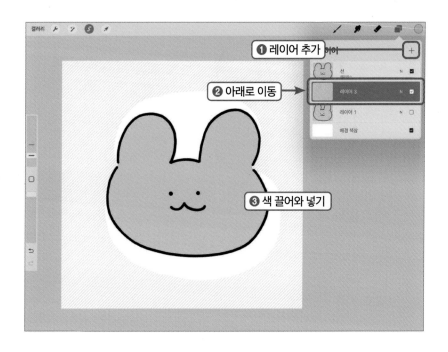

18 캐릭터를 모두 완성해서 제출 단계까지 왔다면, 이모티콘 스튜디오에 제출할 때 배경 색상을 없애야 합니다. [레이어 ]를 누른 다음 배경 색상 레이어의 체크 박스를 끄면 흰 배경을 없앨 수 있습니다.

흰 배경이 아닌 카카오톡 채팅방 배경에 있는 캐릭터 모습이 궁금하다면, 배경색을 바꿔 주면 됩니다.
레이어를 선택한 다음 [배경 색상]을 눌러 줍니다. 디스크로 정확한 색을 고르긴 힘들기 때문에 값에
서 16진값을 abc1d1로 지정해 주시면 됩니다.

이모티콘 규격에 맞춰 **저장하기**

01 배경을 없앤 그림을 이모티콘 규격에 맞춰 저장해 보겠습니다. 처음에 1000px×1000px 사이즈로 캔버스를 만들었기 때문에 360px×360px로 사이즈를 변경해야 합니다. 바로 사이즈를 변경하면 1000px×1000px 사이즈로 그려 둔 그림이 사라지기 때문에, 먼저 파일을 복제해야 합니다. 갤러리에서 그림을 왼쪽으로 쓸면 나오는 복제 버튼을 선택합니다.

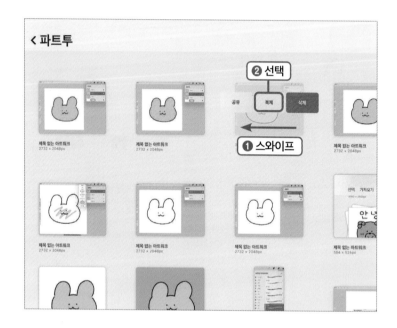

02 복제를 눌러 그림이 하나 더 만들어졌다면 다시 원래 그림 캔버스로 갑니다.

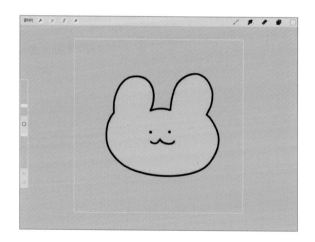

03 캔버스 사이즈를 줄이기 위해 [동작 🔧]-[캔버스]

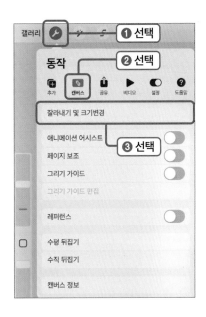

를 누르고 [잘라내기 및 크기 변경]을 선택해 주세요.

04 우측 상단에 있는 [설정]을 눌러 [캔버스 리샘플]을 선택한 후 사이즈를 360px×360px로 바꿔

주세요. 그 다음 완료를 누르면 이모티콘 제출 규격에 맞는 그림이 됩니다.

 Tip

사이즈를 줄이면 그림이 깨져 보여 걱정하시는 분들이 많습니다. 작게 줄인 그림을 확대해서 보는 거라

깨져 보이는 것이니 걱정 마시고 제출해 주시면 됩니다.

05 이제 이모티콘을 저장해 보겠습니다. 왼쪽 상단에 있는 [동작 🔧] 버튼을 누르고 [공유]-[PNG]를 선택해 주세요.

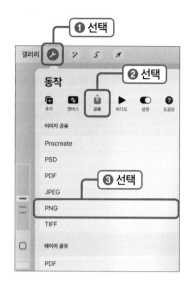

06 그 다음 [이미지 저장]을 누르면 앨범에 저장할 수 있습니다. 만약 파일에 저장을 원하신다면 스크롤을 내려 [파일에 저장]을 선택하면 됩니다.

한 캔버스에
캐릭터 시안 완성해 보기

전체적인 구성을 통일감 있게 만드는 건 이모티콘 제안의 기본입니다. Chapter 2에선 한 캔버스에 하나의 캐릭터를 그리는 방법을 알려 드렸는데, 동작을 만들 때마다 새로운 캔버스를 만들어 제작하면 다른 시안들을 보며 그림 그리기가 어렵습니다. 그렇게 되면 캐릭터 비율이 완전히 달라지거나 비슷한 구도의 그림들이 생겨 구성이 지루해 보이기 쉽습니다. 실전에선 모든 시안을 한 캔버스에 그려 작업하시는 걸 추천합니다.

한 캔버스에서 이모티콘 시안을 만들 때는 먼저 캐릭터와 텍스트 전체 배치를 정하고, 러프 스케치를 한 후, 깔끔하게 선을 따고, 채색하고, 제출 사이즈로 만드는 순서로 진행됩니다. 지금 보이는 네모 한 칸이 360px×360px 사이즈라 그림을 잘라 내기만 하면 제출 규격에 맞는 이미지가 됩니다. 전체 과정을 보여 드리겠습니다.

제공 파일 - 러프 판

01 네모 칸 하나가 360px×360px 사이즈인 러프 판을 준비합니다. 만약, 러프 판을 만들기 어려우신 분들은 혜지원 홈페이지에서 제공해 드린 파일을 내려받아 사용해 주시면 됩니다.

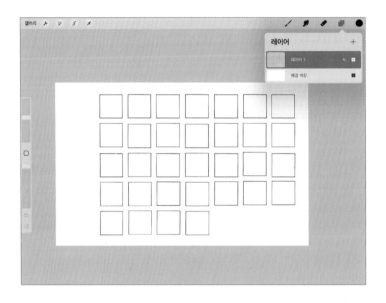

02 러프 판 한쪽에 원하는 브러시 굵기와 크기로 내 캐릭터를 창작해 줍니다.

03 자유롭게 아이디어 스케치를 해 줍니다. 캐릭터 동작과 텍스트가 재미있고 전체적인 구성이 통일성 있는지 살펴보는 단계입니다. 느낌만 알 수 있을 정도로 대충 그려도 되지만, 그럴 경우 선 따기 작업을 할 때 시간이 많이 소요되기 때문에 러프도 계속 수정하며 깔끔하게 만드는 것이 좋습니다. 러프를 제출 시안보다 더 많이 그려 보고 재미없겠다 생각되는 러프는 탈락시켜 주세요.

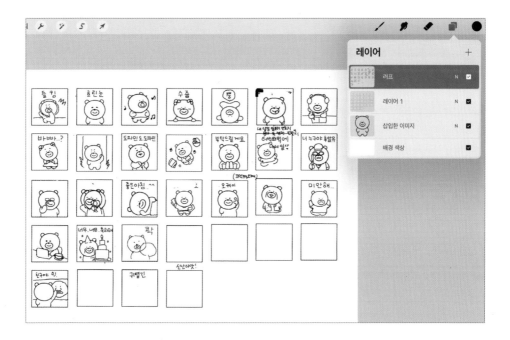

 Tip

다른 시안을 그릴 때 눈으로 보면서 캐릭터를 그리면 이목구비의 위치가 달라져 다른 캐릭터처럼 보이곤 합니다. 동작이 많이 바뀌지 않는 경우 앞쪽에서 그렸던 정자세 캐릭터를 복제해서 다른 동작으로 바꿔 그려 주면 일정한 디자인을 유지하기 쉽습니다. 캐릭터 비율이 다르면 다른 캐릭터로 보이기 쉽기 때문에 그리면서 계속 주의해 주세요.

04 러프를 모두 그렸다면 선 따기 작업을 하기 위해 불투명도를 35% 정도로 낮춥니다.

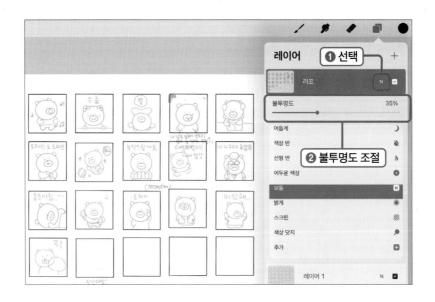

05 위쪽에 선 따기 레이어를 만들어 깔끔하게 따라 그립니다.

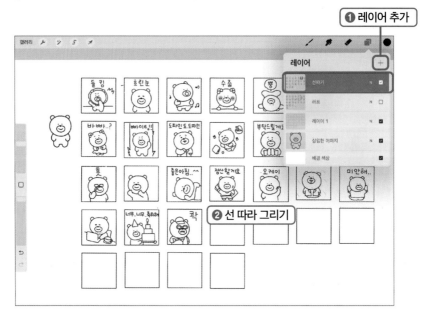

06 모두 따라 그렸다면 러프는 필요 없어졌으니 러프 레이어의 체크 박스를 끄고 선 따기 레이어 아래 채색 레이어를 만들어 줍니다.

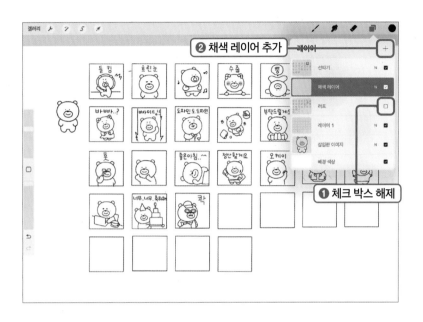

07 채색을 위해 선 따기 레이어에 [레퍼런스] 기능을 적용시킵니다. 선 따기 레이어를 선택한 후 왼쪽에 있는 레퍼런스 기능을 선택해 주세요.

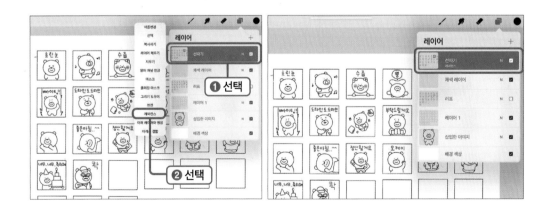

08 이제 채색 레이어를 선택한 후 팔레트의 색을 끌어와 넣으면 중앙 상단에 있는 '채우기 계속'이라는 기능이 나옵니다. 채색할 때 '채우기 계속' 기능을 사용하면 빠르게 할 수 있습니다.

09 [채우기 계속]을 누르면 팔레트의 색을 끌어오는 것이 아닌 터치만으로 빠르게 채색할 수 있습니다.

 Tip

빈틈 있는 캐릭터에 색 채우기 기능을 사용하면 색이 빠져나가기 때문에 빈틈 있는 캐릭터는 올가미 기능을 이용해 색을 채우거나 손으로 칠해 주세요.

10 채색이 완료된 모습입니다.

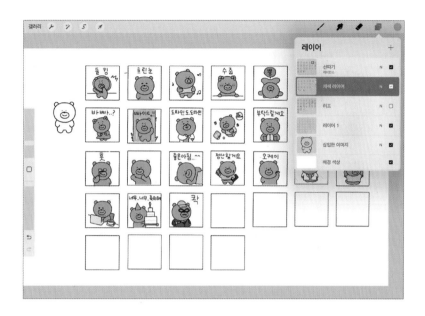

11 채색까지 완료했다면 제출 규격에 맞게 그림을 자릅니다. 그림을 자르면 원본이 삭제되기 때문에 자르기 전 꼭 복제를 해 둡니다. 갤러리로 가서 그림을 오른쪽에서 왼쪽으로 밀어 [복제]를 눌러 주면 그림이 복제됩니다.

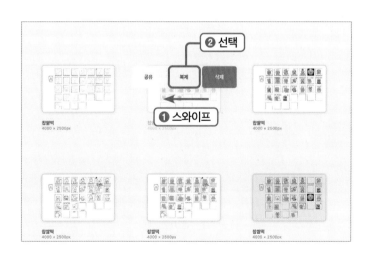

 Tip

원본이 사라지는 불상사를 방지하기 위해 미리 여러 개 복제해 두는 것이 좋습니다. 움직이는 이모티콘은 24개, 멈춰 있는 이모티콘은 32개의 그림을 잘라내야 되는 걸 생각하고 넉넉하게 복제합니다.

12 시안이 2개가 되었다면 우측 상단에 있는 [선택]을 눌러 시안 2개를 선택해 준 후 우측 상단에 있는 [복제]를 누르면 빠르게 복제할 수 있습니다.

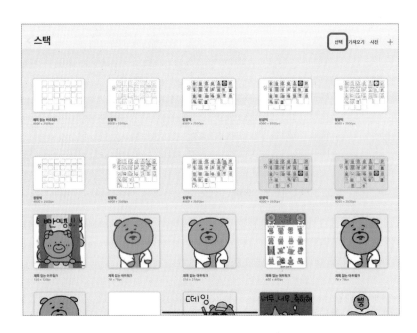

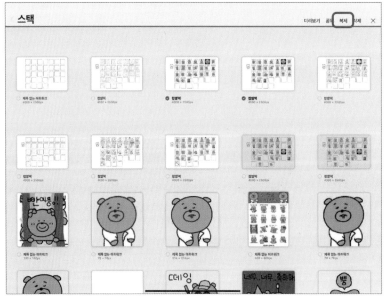

오늘부터 이모티콘 작가

13 시안을 여러 개 복제했다면 다시 캔버스로 들어옵니다. [동작 🔧]을 누른 뒤 [캔버스]-[잘라내기 및 크기변경]을 클릭합니다.

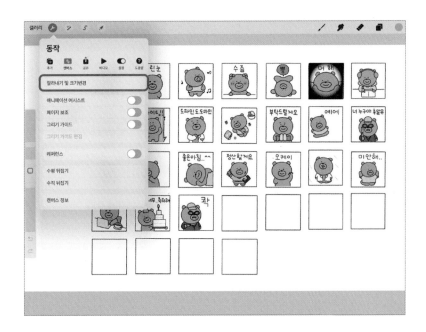

14 설정에서 크기는 가로 360px에 세로 360px, DPI는 72로 설정합니다.

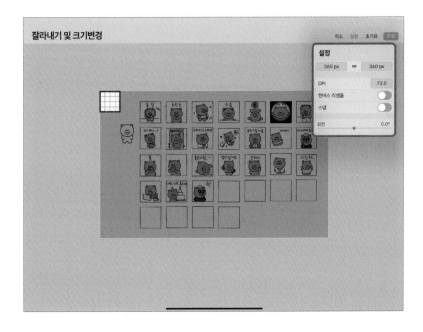

15 생성된 네모를 잘라 낼 그림 위로 옮긴 뒤 [완료]를 누릅니다.

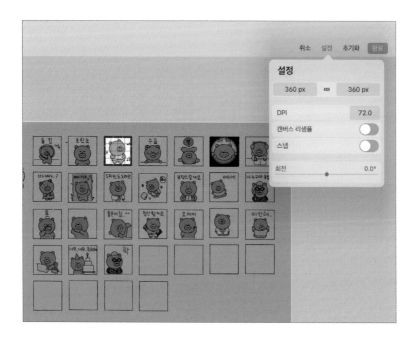

16 그림이 잘렸다면 필요하지 않은 레이어와 배경을 꺼 줍니다.

17 [동작 🔧] - [공유]에 있는 [PNG]를 눌러 저장하면 됩니다.

 **이모티콘 캐릭터 크기 설정 방법**

01 텍스트 크기와 캐릭터 크기를 네모 칸에 어떻게 맞춰야 할지 감이 오지 않는다면 출시된 이모티콘을 참고하는 방법이 있습니다. 이모티콘샵에 들어가서 마음에 드는 캐릭터를 검색합니다.

02 이모티콘 소개에서 아래쪽으로 스크롤을 내리면 있는 [채팅방에서 써보기]를 선택합니다.

03 채팅방에 사용한 이미지를 캡처한 후 앨범에서 그림을 빨간 네모 크기로 자릅니다.

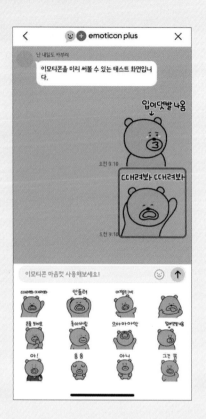

04 프로크리에이트의 시안 파일로 가서 캡처한 사진을 첨부해 주세요. 왼쪽 상단에 있는 [동작 🔧] 버튼을 누르고 [추가]에서 [사진 삽입하기]로 첨부할 수 있습니다. 추가했다면 확대해서 네모칸에 크기를 맞춰 주세요.

05 그림의 불투명도를 낮춘 뒤 내 브러시와 비교해 보면 출시돼 있는 이모티콘들의 대략적인 브러시 크기를 알 수 있습니다. 첨부한 그림을 참고해서 캐릭터와 텍스트 크기, 캐릭터 브러시 굵기 같은 디테일을 정해 줍니다.

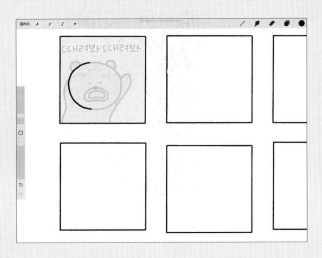

Loading...

Part 4

멈춰 있는 이모티콘 제작해 보기

멈춰 있는 이모티콘은 모션 스킬이 필요하지 않아 그림을 처음 그려 보시는 분들도 도전하기 쉬운

유형입니다. Part3에서 배운 프로크리에이트 기능을 활용해 멈춰 있는 캐릭터를 그려 보겠습니다.

멈춰 있는 이모티콘과 움직이는 이모티콘

이모티콘에 처음 입문하시는 분들이라면, 멈춰 있는 이모티콘과 움직이는 이모티콘 중 어떤 이모티콘을 먼저 제작해 봐야 할지 고민하실 겁니다. 두 이모티콘의 장단점을 비교해 드리고, 저는 어떤 유형을 제안하고 있는지 말씀드리겠습니다.

멈춰 있는 이모티콘

멈춰 있는 이모티콘의 장점은 멈춰 있는 이미지만 그리면 돼서 제작 기간이 매우 짧다는 것입니다. 모션 스킬이 필요하지 않기 때문에 그림에 처음 입문한 초보자여도 쉽게 접근할 수 있는 유형입니다.

단점은 한 장면에 캐릭터 콘셉트를 잘 나타내야 하고, 움직이는 이모티콘보다 시안을 8개 더 만들어야 해서 아이디어 8개가 더 필요하다는 것입니다.

또한, 움직이는 이모티콘보다 승인이 어렵습니다. 멈춰 있는 이모티콘이 움직이는 이모티콘보다 승인이 어렵다는 공식적인 발표는 없지만, 멈춰 있는 이모티콘이 제안 개수가 많은 것에 비해 출시 개수는 움직이는 이모티콘이 더 많거나 비슷합니다.

멈춰있는 이모티콘

제안하기

멈춰있는 이모티콘 제안가이드

총 32개	PNG 32개 (투명배경)
사이즈	360x360 px(픽셀)
용량	개당 150KB 이하
해상도	72dpi / 컬러모드 RGB

② 움직이는 **이모티콘**

움직이는 이모티콘의 장점은 32개의 아이디어를 내야 하는 멈춰 있는 이모티콘과 달리 3개의 움직이는 시안과 21개의 멈춰 있는 시안으로 총 24개의 시안만 만들면 된다는 것입니다. 또한, 움직임으로도 감정 표현을 할 수 있기 때문에 그림이 멈춰 있을 때보다 더 풍부한 표현을 할 수 있습니다. 마지막으로, 승인률이 좀 더 높습니다.

단점은 상품성 있는 이모티콘 모션을 만들기 위해선 모션 스킬도 익혀야 하고 멈춰 있는 이모티콘 제작보다 긴 숙련의 과정이 필요하다는 것입니다. 또한, 승인 후엔 애니메이션 작업을 해야 돼서 승인 후 작업량이 매우 많습니다.

움직이는 이모티콘

제안하기

움직이는 이모티콘 제안가이드

총 24개	PNG 21개 (투명배경) GIF 3개 (흰색배경)
사이즈	360x360 px(픽셀)
용량	개당 650KB 이하
해상도	72dpi / 컬러모드 RGB

저는 확실한 콘셉트를 가진 이모티콘은 승인 확률이 높아서 멈춰 있는 이모티콘으로 제작할 때도 있지만, 그렇지 않을 경우 모션을 만드는 것보다 멈춰 있는 그림을 매력적으로 그리는 게 더 어렵고, 같은 그림이라고 할 경우 움직이는 이모티콘의 승인 확률이 더 높기 때문에 움직이는 이모티콘 위주로 제안하고 있습니다. 저는 오랜 연습으로 모션 제작이 쉬워졌지만, 초심자 분들이 처음부터 움직이는 이모티콘을 완성도 있게 만드는 건 매우 어려운 일입니다. 초심자 분들은 멈춰 있는 이모티콘을 그리며 그림 실력을 먼저 쌓으시고 모션 스킬을 차근차근 쌓아 움직이는 이모티콘을 제안해 보시는 걸 추천합니다.

다양한 캐릭터 그려 보기

Part3에서 프로크리에이트 기능을 모두 배워 봤으니 이번엔 다양한 캐릭터를 그려 보겠습니다. 캔버스를 각각 만들어 작업할 수도 있지만 여기서는 실제 작업과 동일한 방법으로 제공해 드린 러프 판에 작품을 그려 완성해 보겠습니다.

제공 파일 - part4-1-1

어두운 곳에서 불빛 표현하는 방법

01 러프 판에 정자세의 캐릭터를 그립니다.

02 정자세 캐릭터는 다른 자세를 그릴 때도 계속 사용할 예정이기 때문에 레이어를 왼쪽으로 쓸어 하나 더 복제해 둡니다.

03 누워 있는 동작을 표현하기 위해 이동 툴을 누른 뒤 초록색 점을 잡고 캐릭터를 회전시킵니다.

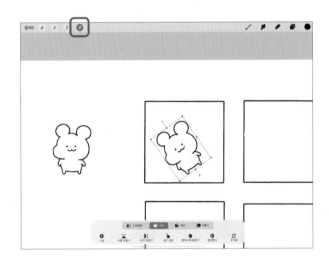

04 이불 표현을 위해 캐릭터의 몸 쪽은 지우개로 지웁니다.

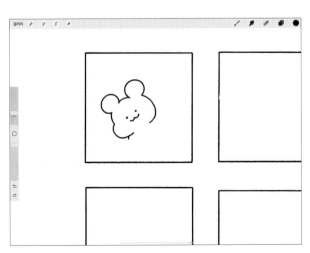

05 이불 모양을 러프하게 그립니다.

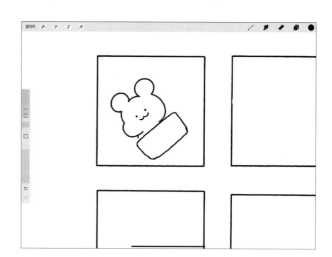

 Tip

이불 같은 소품을 그릴 때 퀵 셰이프를 이용해 그리면 손 그림 느낌이 나지 않고 그림이 딱딱해 보일 수 있습니다. 소품을 그릴 때는 둥글둥글하게 그려 주세요.

06 핸드폰과 손도 그립니다. 밑그림이기 때문에 선이 조금 삐뚤삐뚤해도 괜찮습니다.

07 눈과 입이 위쪽에 있으면 핸드폰을 보고 있는 느낌이 나지 않기 때문에 눈과 입의 위치를 아래로 옮겨 주겠습니다. 올가미 기능으로 눈과 입 부분을 위 그림처럼 표시합니다.

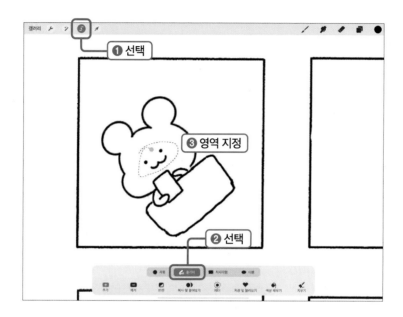

08 그 다음 이동 버튼을 눌러 얼굴 아래쪽으로 옮기면 됩니다

09 얼굴을 이동한 모습입니다.

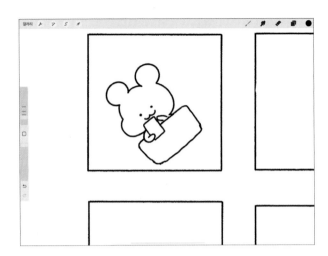

 Tip

그림을 잘라서 옮길 때 네모 칸이 작은 경우 애플펜슬을 네모 칸 바깥에 놓고 옮기면 크기 조절 없이 편하게 옮길 수 있습니다.

10 깔끔한 선으로 따 주기 위해 밑그림을 투명하게 만들겠습니다. 레이어에서 N을 눌러 그림의 불투명도를 낮춥니다.

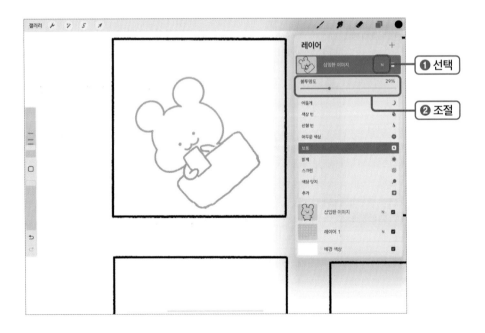

11 위쪽에 레이어를 추가합니다.

12 깔끔하게 선을 따라 그리기 위해 [브러시 스튜디오]-[안정화]에 서 스트림 라인의 양을 60 정도로 지 정하고 선을 따라 그립니다.

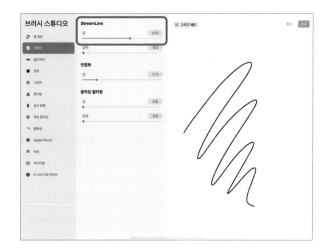

13 선을 깔끔하게 따라 그렸다 면 캐릭터를 흰색으로 채색하기 위해 배경 색상을 하늘색으로 바꾸겠습니 다. [레이어]에 있는 [배경 색상]을 눌 러 주세요.

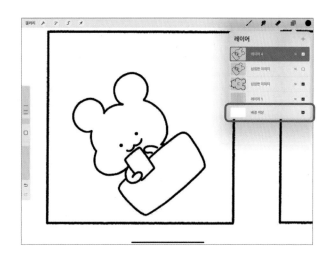

14 앞에서 배운 방법으로 디스크에서 색상을 하늘색으로 지정합니다.

Tip

카카오톡 기본 배경색과 같은 하늘색으로 변경하고 싶으신 분들은 값을 #afc0cf로 바꿔주시면 됩니다.

15 채색은 레퍼런스 기능을 이용하겠습니다. 깔끔하게 따라 그린 선 레이어를 누르고 레퍼런스 기능을 켭니다.

16 선 레이어 아래에 채색 레이어를 만들고 색상을 끌어와 채웁니다.

17 왼쪽 상단에 있는 [동작] 버튼을 누르고 [추가]에서 [텍스트 추가]를 눌러 줍니다.

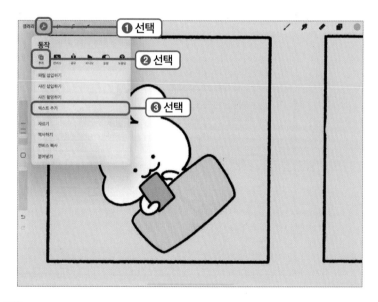

 Tip

텍스트를 넣을 공간을 확보해 놓지 않은 경우 캐릭터를 줄이고 넣어야 될 수 있습니다. 그럴 경우 그림이
깨져 보이기 때문에 밑그림을 그릴 때 텍스트를 넣어 공간을 미리 확인하는 것도 좋은 방법입니다.

18 텍스트를 터치하면 나오는 [키보드]를 선택해 쓰고 싶은 단어를 써 줍니다.

19 만약 텍스트 색을 바꾸고 싶은 경우 글자를 선택한 채로 색상을 눌러 바꾸면 됩니다.

20 이동 버튼을 눌러 텍스트를 적당한 크기로 키웁니다.

21 어둠을 표현하기 위해 텍스트 레이어 아래에 레이어를 하나 만듭니다.

22 검은색으로 네모 칸을 덮습니다.

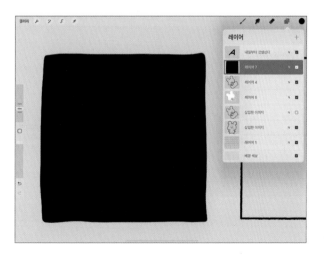

23 N을 눌러 투명도를 적당히 낮춥니다.

24 어둠을 표현한 레이어 위에 레이어를 하나 더 만듭니다.

25 핸드폰 불빛을 표현하기 위해 [브러시 라이브러리]-[에어브러시]-[소프트 브러시]를 선택합니다.

26 브러시 색상을 노란색으로 바꾸고 핸드폰 쪽에 둥글게 칠해 빛 표현을 합니다.

27 너무 밝은 것 같다면 N을 눌러 불투명도를 낮춰 줍니다.

28 핸드폰 액정의 빛을 표현한 것이므로 핸드폰 뒷면에 그려진 불빛은 지웁니다.

29 이제 그림을 제출할 수 있는 사이즈로 만들어 보겠습니다. 그림을 미리 복제해 놓지 않으면 사이즈를 줄일 때 원본 그림이 삭제되니 갤러리로 나가 미리 복제해 둡니다. 그림을 오른쪽에서 왼쪽으로 쓸어준 뒤 [복제]를 눌러 주세요.

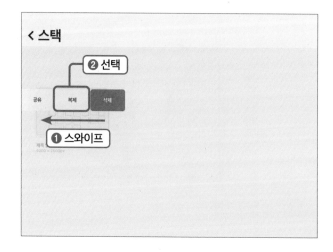

30 그림이 복제되었으니 다시 캔버스로 들어가 사이즈를 조절해 보겠습니다.

31 동작 툴에서 [캔버스]를 선택하고 [잘라내기 및 크기변경]을 눌러 줍니다.

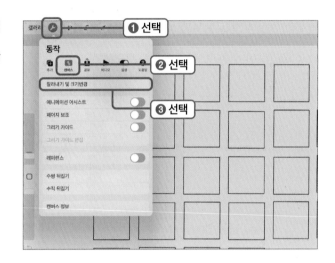

32 우측 상단에 있는 [설정]을 눌러 주세요.

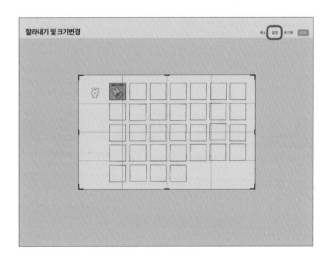

33 사이즈를 360px×360px, DPI를 72로 바꿔준 후 생성된 선택 영역을 캔버스에 있는 네모 칸에 맞춘 뒤 완료를 눌러 줍니다.

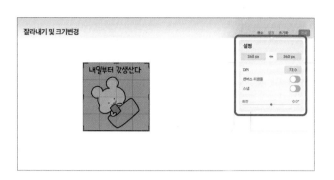

34 제출할 수 있는 그림이 되었습니다. 제출할 때 필요 없는 레이어와 배경 색상은 모두 체크를 해제해 꺼 주세요.

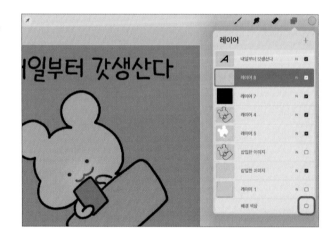

35 이미지 저장을 하겠습니다. [동작]-[공유]를 누른 뒤 [PNG]를 눌러 저장하면 제출할 수 있는 이모티콘 완성입니다.

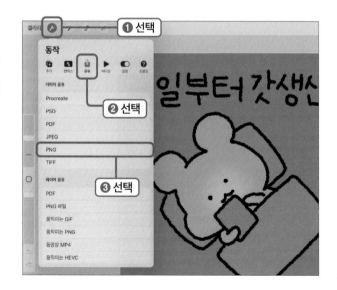

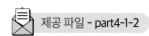
 **2** **속마음을 표현하는 오리로 투명화 기능 배우기**

01 러프 판에 정자세를 한 캐릭터를 그려 줍니다.

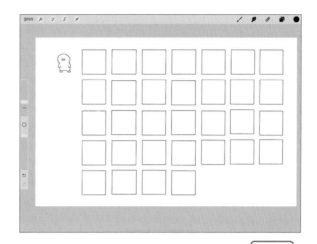

02 그려 둔 정자세 캐릭터는 다른 동작을 그릴 때 계속 활용하게 되니 정자세 캐릭터 레이어를 왼쪽으로 쓸어 하나 더 복제해 둡니다.

03 이동 툴을 사용해 캐릭터를 네모 칸에 적당히 옮깁니다.

04 칸 밖으로 튀어나온 부분은
지웁니다.

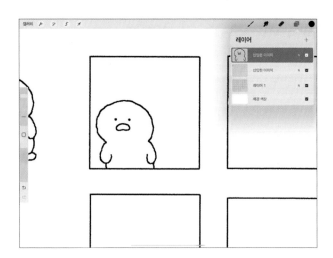

05 그림을 하나 더 복제해서 이
동 툴을 이용해 우측 상단에 옮깁니
다. 앞의 그림과 겹치는 부분은 지워
줍니다.

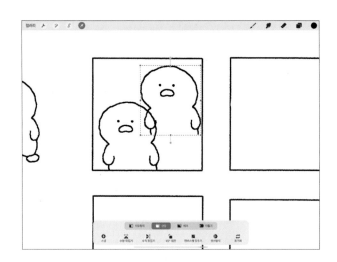

06 아래 캐릭터의 표정을 변화
시켜 주기 위해서 아래 캐릭터의 불
투명도를 낮춥니다.

07 아래 캐릭터 레이어 위에 레이어를 하나 더 만들어 눈웃음을 그립니다.

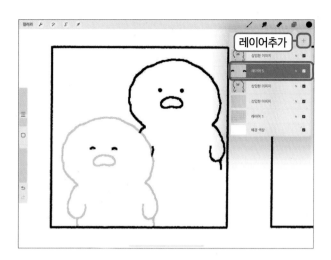

08 아래 레이어를 선택해 원래 있던 점 눈은 지우고 불투명도를 다시 100까지 올립니다.

09 새로 그린 눈 레이어를 선택해 아래 레이어와 병합해 주면 왼쪽 캐릭터는 완성됐습니다.

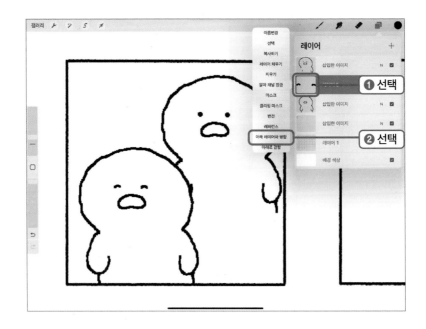

10 우측 상단 캐릭터 레이어를 클릭하고 미간에 11자 모양으로 인상 쓴 모습을 표현하면 캐릭터 외곽선은 완성됐습니다. 이때 수정을 많이 해서 선이 지저분하다면 그림의 불투명도를 낮추고 레이어를 하나 더 추가해 깔끔하게 그리면 됩니다.

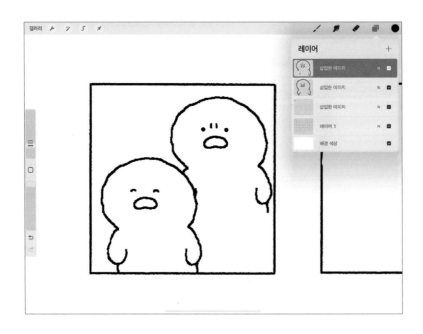

11 흰색 캐릭터는 배경색이 흰색일 경우 채색하기 어렵기 때문에 배경 색을 하늘색으로 바꾼 뒤 흰색으로 채색합니다. [레이어]-[배경 색상]을 선택해 주세요.

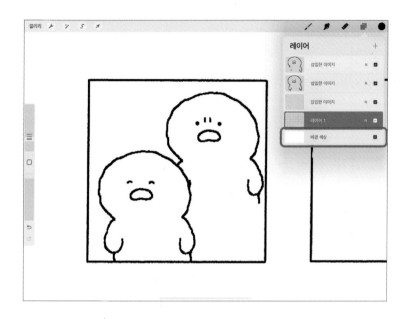

12 저는 배경색을 카카오 채팅방 기본색과 유사한 하늘색으로 변경했습니다.

13 오른쪽에 있는 캐릭터는 투명화할 것이기 때문에 두 캐릭터는 따로 작업해야 합니다. 채색 레이어를 하나 추가하고 이름을 '채색1'로 바꿉니다. 채색1 레이어에서는 왼쪽 오리만 채색합니다.

14 오른쪽 오리를 채색할 수 있는 채색2 레이어를 만듭니다.

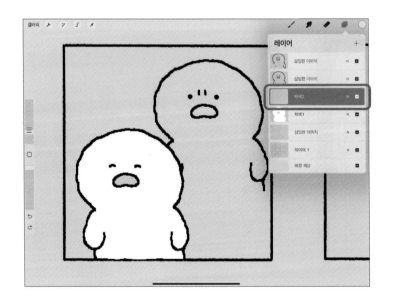

15 두 그림이 유사하기 때문에 채색1 레이어에 있는 그림을 활용하겠습니다. 채색1 레이어를 눌러 채색1에 있는 그림을 복사해 주세요(손가락 제스처를 사용하셔도 됩니다).

16 채색2 레이어를 선택해 파란색 불빛이 들어오게 한 후 손가락 세 개를 쓸어내리는 제스처로 붙여넣기 해 주세요.

17 채색2 레이어에 그림이 붙여 넣어졌습니다. 이제 좌측 상단에 있는 이동 툴을 이용해 오른쪽 오리에 맞게 옮기겠습니다.

18 이동 툴로 오리를 옮긴 뒤 색이 삐져나온 부분이나 지저분한 부분을 조금 더 손봐 줍니다.

19 오른쪽 그림은 오리의 속마음을 표현한 그림이기 때문에 외곽선의 불투명도를 65% 정도로 낮춰 줍니다.

20 채색2 레이어도 불투명도를 65%로 낮추면 완성입니다.

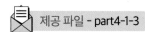

3 위에서 내려다보는 햄스터 그리기

01 정자세 캐릭터를 그립니다.

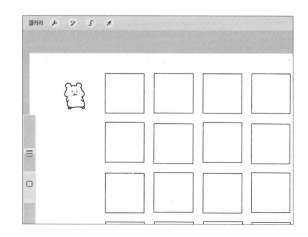

02 그려 둔 정자세 캐릭터는 다른 동작을 그릴 때 계속 활용할 예정이니 정자세 캐릭터 레이어를 왼쪽으로 쓸어 한 개 더 복제해 둡니다.

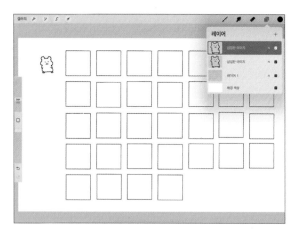

03 이동 툴을 눌러 캐릭터를 이동한 후 초록색 점을 움직여 캐릭터를 회전시킵니다.

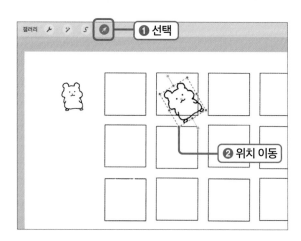

❶ 선택

❷ 위치 이동

04 캐릭터가 적당히 회전됐다면 좀 더 고치면 좋을 것 같은 부분은 없는지 확인합니다. 캐릭터의 다리 부분 선은 꼭 지우지 않아도 되지만 캐릭터가 우측 하단을 다 덮은 느낌을 주기 위해 지우겠습니다.

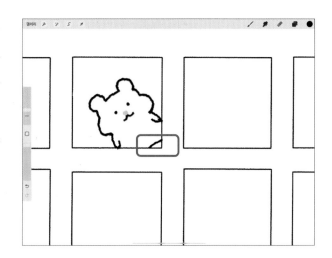

05 그림을 확대하거나 회전하면 흐려지기 때문에 지금 그림은 밑그림으로 사용합니다. 해당 레이어의 N을 선택해 불투명도를 약 30%로 낮춰주세요.

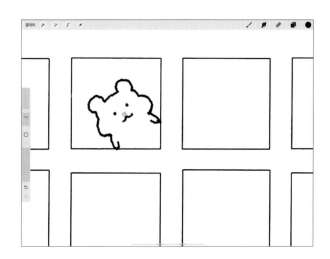

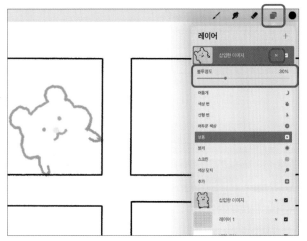

06 투명화한 레이어 위쪽에 레이어를 하나 더 만들고 따라 그려 주세요.

07 다 따라 그리고 나면 아래의 레이어는 체크 표시를 풀어 꺼 줍니다. 깔끔하게 그린 선 레이어 아래에 채색 레이어를 만들어 채색합니다. 다음은 그림자 표현을 넣어 주겠습니다.

08 제일 위에 레이어를 만들고, 캐릭터 외곽선을 따라 안쪽에 어두운 색을 칠합니다.

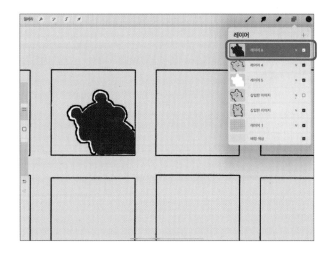

09 모두 칠했다면 N을 눌러 불투명도를 약 25%까지 낮춥니다.

10 그림은 모두 완성했으니 레이어를 하나 더 만들고 손글씨로 메시지를 써 완성합니다.

제공 파일 - part4-1-4

흐림 효과를 통해 감정 극대화하여 표현하기

01 흐림 효과를 통해 감정을 더 극대
화해서 표현해 보겠습니다. 정자세 캐릭터
를 먼저 그리고 레이어를 복제해 줍니다.

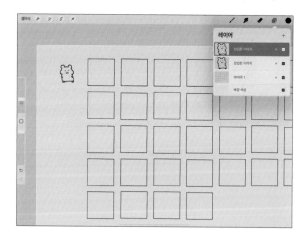

02 그림을 하나 더 복제해서 오른쪽
으로 옮긴 뒤 하체 부분은 지워 줍니다.

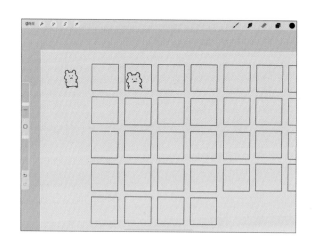

03 하트를 들고 있는 손 모양을 만듭
니다.

04 심장을 부여잡는 표현을 할 것이기 때문에 얼굴이 아래를 향하는 것이 자연스럽습니다. 실제로는 귀나 얼굴의 위치도 함께 변할 수 있지만 표정만 옮겨도 비슷한 느낌을 낼 수 있습니다. 왼쪽 상단에 [선택]-[올가미]로 표정만 떼어 내 주세요.

05 이동 툴을 눌러 아래쪽으로 이동시킵니다.

06 심쿵한 모습을 표현하기 위해 표정을 바꾸겠습니다. 눈을 아예 지우고 그리면 전에 있던 눈 위치를 알 수 없기 때문에 그려 놨던 그림의 불투명도를 낮춘 후 그 위에 작업합니다.

07 그림 레이어 위에 레이어를 하나 더 만들어 눈 위치에 질끈 감은 눈을 그려 준 뒤 아래 레이어의 점 눈은 지웁니다.

08 레이어의 불투명도를 다시 원래대로 되돌립니다.

09 새로 만든 눈과 원래 레이어를 [아래 레이어와 병합]으로 합칩니다.

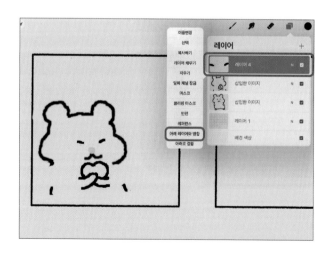

10 몸의 비워져 있는 부분을 채
워서 그리고 어색한 부분을 조금씩
손보면 러프 스케치가 완성됩니다.

11 텍스트를 추가하겠습니다.
텍스트를 추가하면서 캐릭터 크기를
조절하는 경우도 많기 때문에 러프
스케치를 끝낸 후 텍스트 위치를 정
하는 것이 좋습니다. [동작]-[텍스트
추가]를 선택합니다.

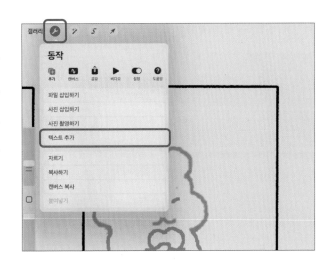

12 글꼴을 선택하고 키보드로
동작과 잘 어울리는 메시지를 씁니다
(지금 보이는 글꼴은 둥근모체입니
다). 텍스트 배치를 완료했다면 캐릭
터 크기는 적당한지 한 번 더 확인합
니다.

13 러프 스케치 레이어 위에 레이어를 하나 더 만들어 깔끔하게 따라 그립니다.

14 깔끔하게 선을 따라 그렸다면 러프 스케치 레이어는 끄고, 선 레이어 아래쪽에 새 레이어를 만들어 채색합니다.

15 선 레이어와 채색 레이어 각각 하나씩 복제해 흐림 효과를 넣을 레이어를 만듭니다.

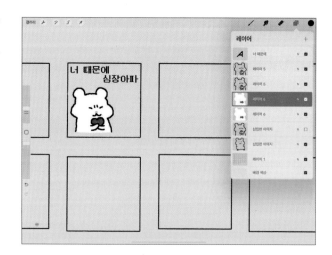

16 선 레이어와 채색 레이어를 병합하기 위해, 복제한 채색 레이어를 복제한 선 레이어 아래쪽으로 옮깁니다.

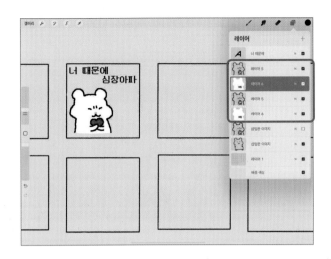

17 옮겼다면 위에 있는 선 레이어를 선택하고 [아래 레이어와 병합]을 누릅니다.

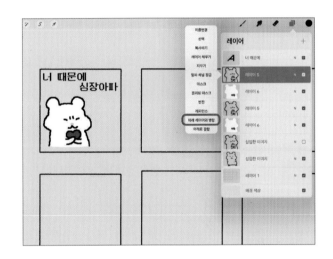

18 병합한 레이어의 N을 눌러 불투명도를 낮춥니다.

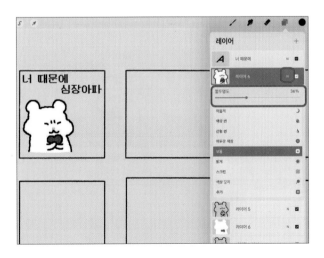

19 불투명도를 낮춘 레이어를 적당한 크기로 키웁니다.

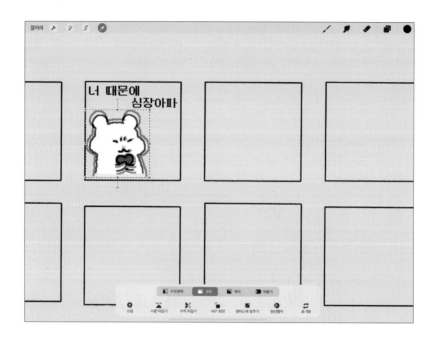

20 조정 툴에 있는 [투시도 흐림 효과]를 선택합니다.

21 투시도 효과를 누르면 검정색 아이콘이 나오는데 이 아이콘을 캐릭터 안쪽으로 옮깁니다.

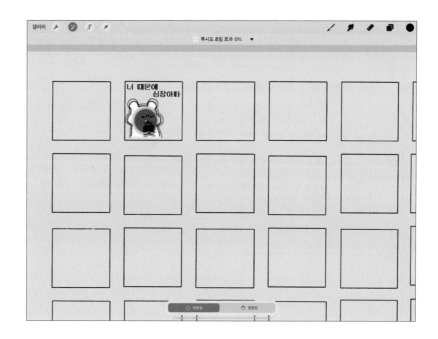

22 검정색 아이콘을 제외한 하늘색 배경 부분에 애플펜슬을 대고 오른쪽으로 움직이면 흐림 효과 퍼센티지를 조절할 수 있습니다. 마음에 드는 수치까지 올립니다.

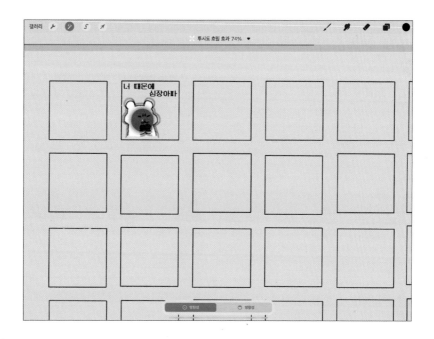

23 그 후 레이어에 있는 불투명도를 조절해 보며 가장 자연스러운 수치를 찾으면 완성입니다.

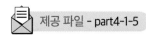

5 화난 사람형 캐릭터 그리기

01 기본 캐릭터를 그린 뒤 하나 더 복제합니다.

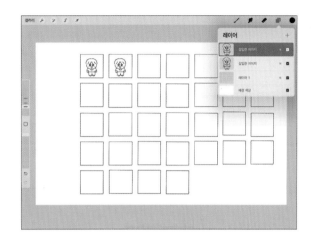

02 상반신만 표현하기 위해 캐릭터를 확대하겠습니다. 이동 툴을 눌러 확대해 주세요.

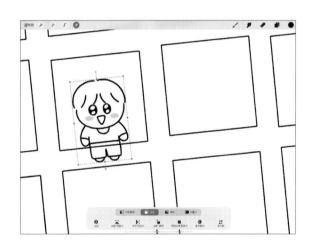

03 캐릭터 팔을 지워 뿔이 난 것 같은 모양으로 바꿔 주겠습니다. 이 때 팔 길이가 너무 길어지거나 짧아지지 않게 조심해 주세요. 캐릭터 몸통이 너무 얇은 느낌이 든다면 [선택]-[올가미]를 이용해 몸 일부를 떼어내서 옆쪽으로 옮겨 주세요.

04 왼쪽과 오른쪽 팔 그림이 대칭으로 같습니다. 올가미로 왼팔을 선택한 후 [복사하기 및 붙여넣기]를 누릅니다. [이동]-[수평 뒤집기]로 좌우를 반전시킨 후 오른쪽으로 옮깁니다.

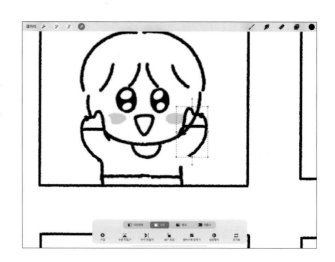

05 캐릭터 동작을 완성했으니 선이 덜 이어진 곳이나 겹쳐진 곳을 정리합니다.

06 캐릭터 표정을 화난 표정으로 바꿔 보겠습니다. 그려 놓은 그림의 불투명도를 30% 정도로 낮춘 뒤 새로운 레이어를 하나 만들어 주세요.

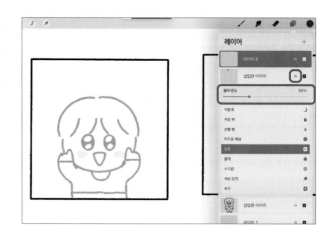

07 새로 만든 레이어를 선택하고 아래 레이어의 그림을 참고해 눈썹과 입 모양을 새로 그립니다.

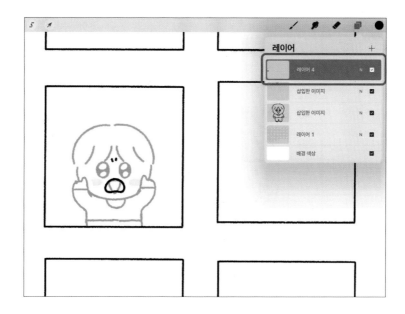

08 아래 레이어에서 원래 그려져 있던 입 모양을 지우고 다시 불투명도를 올린 다음, 입을 그린 레이어와 병합합니다.(152p 참고)

09 캐릭터 동작만으론 표현이 아쉽기 때문에 뒤쪽에 불꽃과 뿔도 그립니다.

10 선을 깔끔하게 따라 그리겠습니다. 가장 위에 레이어를 하나 더 만들고 러프 스케치를 한 레이어의 불투명도를 낮춥니다.

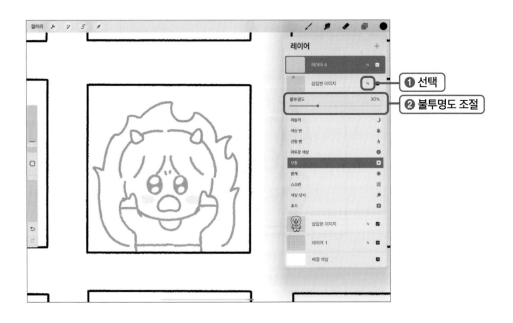

11 선이 반듯한 캐릭터는 브러시 스튜디오의 안정화 영역에서 스트림 라인 양 수치를 100%로 놓고 작업해 주시면 됩니다. 이때, 더 반듯하게 그리고 싶어도 퀵 셰이프는 사용하지 않는 것이 좋습니다. 매력 없는 딱딱한 그림이 되기 쉽습니다.(86p 참고)

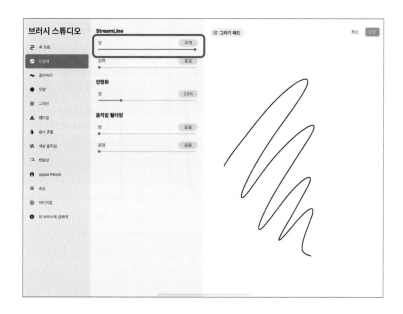

12 선을 모두 딴 뒤 볼터치도 표현해 주겠습니다. 볼터치는 캐릭터 선과 겹쳐지는 그림이라 다른 레이어에 그립니다.

13 외곽선을 다 땄으니 밑그림은 안 보이게 레이어 체크 박스를 끕니다. 이제 채색을 하겠습니다.

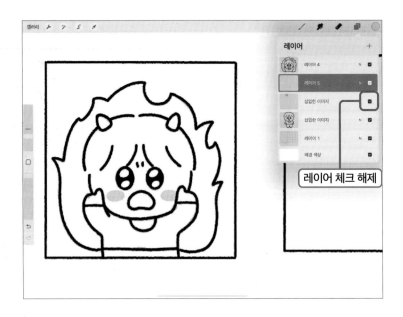

14 흰 캐릭터는 흰 배경에서 구분이 어렵습니다. 배경 색상을 바꿔 주세요.

15 레퍼런스 기능을 이용해 채색하겠습니다. 외곽선 레이어를 레퍼런스로 지정한 다음 외곽선 레이어 아래에 채색 레이어를 만들어 주세요.(111p 참고)

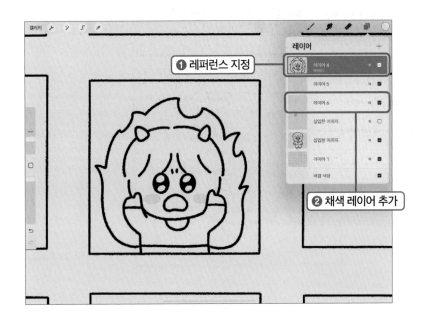

16 채색 레이어를 선택하고, 캐릭터 상체와 바지에 색을 입힙니다.

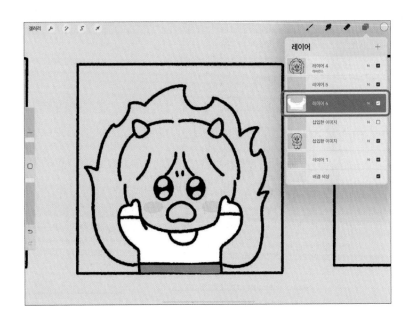

17 뚫려 있는 곳은 레퍼런스 기능을 사용할 수 없습니다. 레퍼런스 기능을 끄고, 사진처럼 채색해야 되는 구간을 선으로 따 주세요.

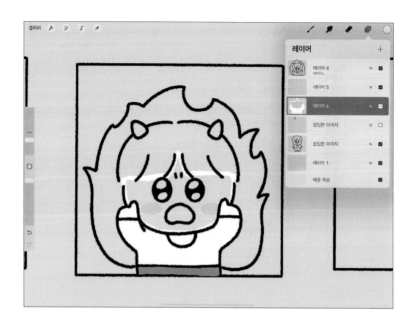

18 색상에서 색을 끌어와 넣어서 채색해 주세요. 이때 레퍼런스 기능은 꺼져 있어야 합니다.

19 머리카락은 캐릭터 피부 부분과 겹쳐지는 그림입니다. 수정을 대비해 레이어를 분리하겠습니다. 채색 레이어 위에 레이어를 하나 더 만들어 머리 부분을 채색해 주세요.

20 이제 불꽃을 채색해 보겠습니다. 외곽선을 레퍼런스로 지정한 뒤 붉은 계열 색상을 골라 주세요. 불꽃은 다른 그림들과 겹쳐지기 때문에 레이어를 따로 만들어 채색하겠습니다. 레이어 위치를 채색 레이어 중 가장 밑으로 옮긴 다음 색상을 채워 주세요. 이제 제출할 수 있는 캐릭터로 완성됐습니다.

❶ 색상 선택
❸ 레이어 추가
❷ 레퍼런스 지정
❹ 레이어 이동 후 채우기

Loading...

Part 5

움직이는 이모티콘 만들기

멈춰 있는 이모티콘보다 움직이는 이모티콘의 승인률이 높기 때문에 전업 작가가 되기 위해선 움직이는 이모티콘을 만들 줄 아는 것이 유리합니다. 움직이는 이모티콘 제작은 처음엔 어렵지만, 몇 가지 애니메이션 이론을 배우고 실전 연습을 하면 누구나 해낼 수 있습니다. 이모티콘 제작에 유용한 이론들을 배우고 함께 실습해 보겠습니다.

이모티콘 제작에 필요한 애니메이션 이론

Chapter 1

프레임

움직이는 이모티콘의 제출 조건을 보면 '프레임 24장 이하로 제작할 것'이라고 써 있습니다. 여기서 프레임의 의미는 무엇일까요? 프레임은 쉽게 말해 그림 한 장을 뜻합니다. 그림이 한 장만 있을 땐 멈춰 있는 상태지만, 그림을 여러 개 이어 붙이면 멈춰 있던 그림이 움직이는 애니메이션으로 바뀝니다. 프레임 24개 이하로 제작하라는 건 그림을 24개까지만 그려서 이모티콘을 만들 수 있다는 것입니다. 한 장의 그림은 멈춰 있는 그림이니 2~24개의 그림을 그려 움직이는 이모티콘을 만들면 됩니다.

| 1프레임 | 2프레임 | 3프레임 | 4프레임 |

손 흔드는 동작을 하고 있는 이모티콘입니다. 총 프레임 개수는 4프레임으로 4장의 그림을 이어 붙이면 하나의 모션이 됩니다.

2 애니메이션을 만드는 방식: 포즈 투 포즈

포즈 투 포즈는 중요한 그림을 먼저 그린 뒤 사이에 덜 중요한 그림을 그려 애니메이션을 완성시키는 방식입니다. 중요한 그림은 첫 그림과 끝 그림으로 '원화'라고 합니다. 덜 중요한 그림은 첫 그림과 끝 그림 사이에 있는 그림으로 '동화'라고 합니다. 창작자가 의도한 애니메이션을 만들기 쉬워서 캐릭터의 움직임 같은 계획적인 모션을 만들 때 자주 활용하는 방식입니다.

원화를 그리고 동화를 채우는 이유는, 첫째로 첫 그림과 끝 그림인 원화만 잘 그려도 잘 움직이는 동작으로 보이기 때문입니다. 다만 원화만으로 애니메이션을 만드는 경우 부드러운 모션이 아닌 뚝뚝 끊어지는 딱딱한 모션이 되기 때문에 동화를 넣는 것입니다. 쉽게 말해 원화는 애니메이션 제작에서 필수 요소이고 동화는 애니메이션을 부드럽게 만들어 주는 보조 역할이라고 생각할 수 있습니다.

둘째로는 애니메이션을 계획적으로 만들 수 있기 때문입니다. 첫 그림을 그리고 다음 그림을 그리는 방식은 마지막 그림을 중간 그림과 어울리게 연결해야 되기 때문에 마지막 그림에 내가 원치 않는 그림을 그려 넣게 될 수도 있습니다. 반면에 첫 그림과 마지막 그림을 그리고 중간 그림을 채워 넣으면 우리가 의도한 결과물을 만들기 쉽습니다.

| 원화 1 | 동화 1 | 동화 2 | 동화 3 | 원화2 |

팔을 움직이며 채찍질하는 동작입니다. 팔이 가장 올라가 있을 때가 원화 1, 가장 내려 갔을 때가 원화 2입니다. 원화 1과 원화 2를 먼저 그린 후 중간 그림을 채웁니다. 이때, 동화 1부터 순서대로 채우는 것이 아니라 가운데 있는 동화 2를 먼저 그립니다. 원화 1, 동화 2, 원화 2을 그렸으면 재생해 봅니다. 이때, 부드럽지 않고 끊기는 느낌이 든다면 사이사이에 그림을 더 채워 줍니다. 원화 1과 동화 2 사이에 동화 1을, 동화 2와 원화 2 사이에 동화 3을 채우면 자연스러운 모션을 완성할 수 있습니다.

3 이모티콘의 전체 속도감 정하는 방법

이모티콘 시장에 있는 캐릭터들을 살펴보면 빠르게 움직이는 이모티콘과 느리게 움직이는 이모티콘이 있습니다. 캐릭터의 움직임 속도는 초당 프레임이라는 수치를 조절해서 정할 수 있습니다.

초당 프레임은 '1초당 보여 주는 이미지 개수'를 의미합니다. 초당 프레임이 30이라면 1초당 30개의 그림을 보여 주는 것이고 초당 프레임이 8이라면 1초당 8개의 그림을 보여 주는 것입니다. 초당 프레임이 높을수록 1초당 더 많은 그림을 보여 줘야 되기 때문에 그림이 빨리 움직이는 것으로 보입니다.

이모티콘은 초당 프레임 8~14 정도로 작업하는 경우가 많으며, 촐싹거리고 까불거리는 특징이 있는 이모티콘은 빠른 동작 표현을 위해 19~24 정도의 초당 프레임을 많이 사용합니다.

초당 프레임을 설정한 후 그림 사이에 그림을 얼마나 채우는지에 따라서도 속도감이 달라집니다. 원화 사이의 그림이 많으면 부드러우면서 느리게 움직이는 것으로 보이고, 원화 사이의 그림이 적으면 끊기면서 빠르게 움직이는 것으로 보입니다.

만약 초당 프레임 14로 손을 흔드는 모션을 만들 때 동일한 원화 사이를 **빽빽**하게 채우면 천천히 움직이는 것으로 보이고 하나의 그림으로 동화를 채우면 팔이 빨리 움직이는 것으로 보일 것입니다.

원화 사이를 **빽빽**하게 채운 모션

원화 사이에 하나의 동화만 채운 모션

포즈 투 포즈 방법을 이용해 첫 그림과 끝 그림을 그린 후 중간 그림을 채워 보며 원하는 속도감으로 맞춰 보시기 바랍니다.

 **4** 세밀한 속도 조절하는 방법

애니메이션 툴은 대부분 프레임 방식입니다. 프레임 방식은 타격같이 순간적으로 빠르게 움직이는 동작을 만들어야 할 때 한 프레임 속도만 다르게 조절할 수 없다는 한계가 있

습니다. 만약 초당 프레임이 14인 달리는 모션을 만들었다면 3번 프레임만 속도를 느리게 만들고 싶어도 14fps(1초당 14프레임)로 한 프레임 당 시간이 0.07초로 동일합니다. 이때 포토샵의 타임라인 기능을 사용하면 프레임당 유지 시간 조정이 가능합니다.

포토샵은 그림마다 시간을 지정할 수 있다는 장점이 있습니다. 순간적으로 느려지는 모션을 만들고 싶은 경우 전체 초당 프레임이 14였으니 전체 프레임당 속도를 0.07초로 지정해 준 후 느려야 하는 장면만 시간을 0.08 정도로 더 길게 지정해 주면 됩니다. 포토샵 사용 방법은 Part 6에서 좀 더 자세히 알려 드리겠습니다.

5 물체의 감속과 가속을 표현하는 방법: 스페이싱

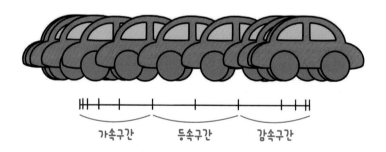

스페이싱은 캐릭터가 다음 동작으로 이동하는 간격을 말합니다. 연속적으로 나타나는 그림들이 얼마나 가까이 또는 멀리 떨어져 있는지에 따라 움직이는 속도에 커다란 영향을 미치게 됩니다.

자동차는 처음부터 시속 60km로 달릴 수 있는 것이 아니라 시동을 걸고 가속을 하면 점점 속도가 빨라지다가 시속 60km의 일정 속도를 유지합니다. 자동차가 멈출 때도 바로 멈추지 못하고 점차 느려지다가 정지합니다. 이것을 가속과 감속이라 합니다. 움직이는 물체는 대부분 가속과 감속 운동을 하고 있어서 애니메이션도 감속과 가속을 표현해 줬을 때 좀 더 사실적인 결과물을 얻어낼 수 있습니다. 아래 2개의 공이 있는데 간격이 달라짐에 따라 같은 시간 내에 가속, 감속, 등속 운동으로 다른 느낌을 표현할 수 있습니다.

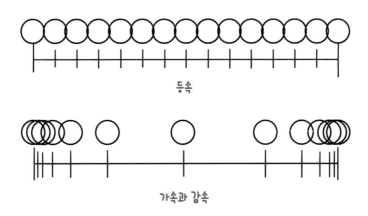

첫 번째 그림은 일정한 간격을 가지고 있어서 등속운동을 하는 것으로 보이고, 두 번째 그림은 공의 간격이 다르기 때문에 가속과 감속을 하는 것처럼 보입니다. 이모티콘은 모션 이론을 무시하고 일정한 간격으로 만드는 경우가 많습니다. 이 이론이 있다는 것만 인지해 두시고 가속과 감속을 꼭 표현해야 할 때 활용해 주시면 됩니다.

 **⑥ 물체의 성질을 결정해 주는 이론: 스쿼시 앤 스트레치**

스쿼시 앤 스트레치는 물체를 찌그러뜨리거나 늘어나게 만들어 좀 더 실감나는 동작을 만드는 이론입니다. 특히 이 이론으로 물체가 말랑한 물체인지, 딱딱한 물체인지 물체의 질감과 성질을 표현할 수 있습니다.

예시로 말랑말랑한 고무공과 딱딱한 볼링공이 있을 때 말랑거리는 공을 위에서 떨어뜨리면 중력의 영향을 받아 모양이 늘어났다가 땅에 닿으면서 찌그러지는 형태 변화가 일어나게 됩니다. 하지만 볼링공처럼 딱딱한 공은 형태 변화 없이 똑같은 모습으로 떨어집니다. 말랑말랑한 물체일수록 더 많이 늘어나고 더 많이 찌그러집니다. 이처럼 물체의 성질에 따라 움직일 때 다른 형태를 표현해 주는 것이 스퀴시 앤 스트레치입니다.

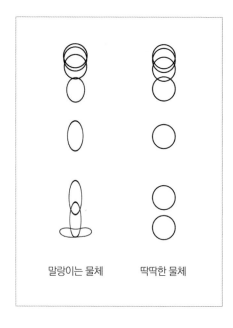

말랑이는 물체　　　딱딱한 물체

　찌그러짐과 늘어남은 정지 상태에서 일어나는 것이 아닌 캐릭터에 힘이 작용됐을 때 생기는 현상입니다. 캐릭터가 힘을 응축시키면 찌그러지고 힘을 발산할 때 늘어나며, 정지하게 만드는 힘을 만나면 다시 찌그러지면서 원래 모양으로 돌아옵니다.

　스퀴시 앤 스트레치를 이모티콘에 꼭 적용할 필요는 없지만 스퀴시 앤 스트레치 기법으로 말랑거림을 표현하면 캐릭터를 좀 더 귀엽게 만들 수 있습니다. 적용 방법도 어렵지 않으니 한번 활용해 보시기 바랍니다.

　캐릭터에 적용하는 방법은 아주 쉽습니다. 둥근 공이 있으면 첫 그림은 가만히 두고 끝 그림을 이동 툴의 '자유형태' 기능을 이용해 찌그러뜨립니다. 그 다음 중간 그림은 첫 그림과 끝 그림의 중간 정도로 찌그러뜨립니다. 이렇게 한 후에 재생하면 말랑거리는 느낌의 캐릭터를 연출할 수 있습니다.

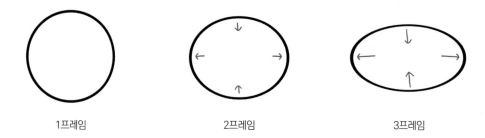

1프레임　　　　　　　　2프레임　　　　　　　　3프레임

스쿼시 앤 스트레치를 사용할 때 주의할 점이 있습니다. 물체가 찌그러지거나 늘어날 때 부피감을 일정하게 유지해야 한다는 것입니다. 공을 찌그러뜨리면 누른 만큼 옆쪽으로 늘어나고 공을 세로로 늘리면 늘어난 만큼 양옆은 좁아집니다. 이 부피감을 무시하고 누른 것보다 더 옆으로 늘이거나 물체를 세로로 늘이고도 좌우를 좁게 그리지 않으면 부자연스러운 모션을 만들 수 있습니다.

스쿼시 앤 스트레치를 적용하는 게 필수는 아니기 때문에 모션 레퍼런스를 참고해 내가 만들고 싶은 작품을 제작해 보시는 걸 추천합니다.

정지 상태   응축 – 찌그러진 상태   발산 – 늘어난 상태   정지 – 찌그러짐

스쿼시 앤 스트레치는 캐릭터가 깜짝 놀라는 모습에도 적용시킬 수 있습니다. 캐릭터가 아래로 내려갈 때 찌그러지고 튀어 오를 때 얼굴이 늘어났다가 마침내 원상태가 되는 모습을 보여 줘 모션을 더 재밌게 만들 수 있습니다. 실제 사람에게서는 볼 수 없는 현상이지만 애니메이션을 만들 때는 과장을 통해 재미를 더할 수 있습니다.

로봇이 아닌 동물이나 사람은 현실에서 대부분 곡선을 그리며 움직입니다. 이모티콘은 전문적인 애니메이팅을 요구하지 않기 때문에 캐릭터가 곡선을 잘 그리며 움직이는지 경로를 크게 신경 쓰지 않아도 되지만, 원인은 모르겠는데 동작이 부자연스러워 보인다면 동작을 너무 직선적으로 만든 건 아닌지, 중간 동작인데 곡선의 경로에서 벗어나 있는 것은 아닌지 확인해 보시기 바랍니다. 예를 들어, 움직이는 추가 있을 때 왼쪽처럼 추의 이동경로를 곡선으로 그리면 자연스럽지만, 직선으로 그릴 경우 부자연스러운 모션이 됩니다.

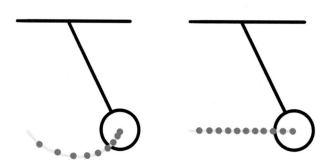

캐릭터 모션 예시로 아래의 왼쪽 그림을 살펴보면, 팔이나 고개 움직임이 곡선으로 이동하는 걸 관찰할 수 있습니다. 하지만 두 번째처럼 경로를 극단적으로 벗어난 그림이 있으면 그림이 덜그럭거리며 부자연스러운 모션이 완성됩니다. 모션 경로를 신경 써 제작해 보세요.

곡선을 그리며 움직이는 그림

곡선 경로를 벗어나게 움직이는 그림

다양한 모션 연습해 보기

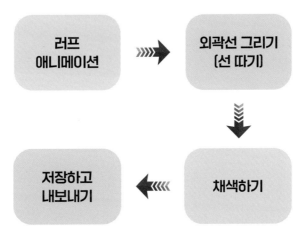

애니메이션을 만드는 순서는 러프 애니메이션 만들기 → 외곽선 그리기(선 따기) → 채색하기 → 내보내기입니다. 외곽선을 따는 과정은 시간이 많이 소요되기 때문에 대부분의 실습에서 생략했습니다.

간단한 모션은 러프 애니메이션 없이 완성까지 갈 수 있지만, 복잡한 애니메이션은 수정하는 시행착오를 거치며 그림이 지저분해집니다. 러프 애니메이션 없이 만드는 모션은 한번에 완벽하게 만들고 싶다는 생각에 클리셰와 반복 동작만으로 모션을 만들어 재미없을 확률이 높습니다. 조금 번거롭더라도 러프 애니메이션 작업을 하고 외곽선을 깔끔하게 다시 그리시는 걸 추천 드립니다(선이 깔끔하게 잘 완성된 동작은 그냥 쓰셔도 됩니다).

① 프로크리에이트 애니메이션 기능 살펴보기

실습에 들어가기 전 프로크리에이트에 있는 애니메이션 기능들을 살펴보겠습니다.

1 애니메이션 어시스트 기능

[동작]의 [캔버스]에 있는 기능으로, 프로크리에이트에서 애니메이션 기능을 활성화시킬 수 있습니다.

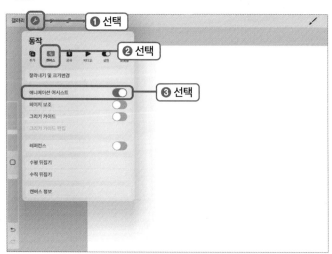

2 프레임

애니메이션 어시스트를 활성화시키면 프레임 창이 나오는데 오른쪽에 있는 프레임 추가를 누르면 프레임과 레이어가 하나씩 생성됩니다. 원래 레이어와 프레임의 개념은 다르지만 프로크리에이트에선 프레임이 곧 레이어라고 이해하는 것이 편합니다.

③ 설정

제일 위쪽에 있는 루프, 핑퐁, 원 샷은 재생 방식을 뜻합니다.

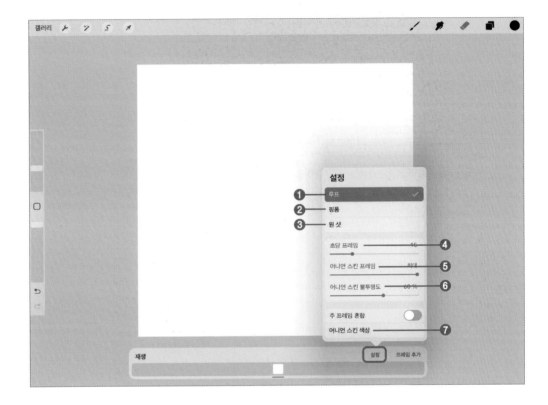

❶ 루프: 처음부터 끝까지 재생된 후 다시 처음으로 와서 반복 재생되는 방식입니다. 이모티콘 제작 시 가
장 많이 쓰이는 방식입니다.

❷ 핑퐁: 처음부터 끝까지 재생된 후 처음으로 돌아가는 것이 아닌 바로 전 프레임으로 돌아가 반복 재생되
는 방식입니다.

❸ 원샷: 처음부터 끝까지 재생된 후 멈추는 방식입니다. 거의 쓰지 않습니다.

❹ 초당 프레임: 캐릭터의 속도를 결정합니다. 초당 프레임이 높을수록 빠르게 움직이고, 낮을수록 천천히
움직입니다. 이모티콘은 대개 8~14 정도의 초당 프레임을 많이 사용합니다.

❺ 어니언 스킨 프레임: 앞 프레임의 그림과 뒤 프레임의 그림을 보여 주는 기능입니다. 어니언 스킨 프레
임 개수에 따라 몇 개의 앞 그림과 뒤 그림을 보고 그릴지 정할 수 있습니다. 대개 1로 설정하고 작업하
는 경우가 많습니다.

❻ 어니언 스킨 불투명도: 어니언 스킨이 너무 진해 현재 그림이 잘 안 보일 경우 투명하게 만들 수 있는 기능입니다.

❼ 어니언 스킨 색상: 어니언 스킨 색상을 누르면 앞 뒤 그림의 색을 설정할 수 있습니다. 앞의 그림은 빨강색, 뒤의 그림은 초록색으로 하는 것이 일반적입니다.

2 안녕하는 오리 만들어 보기

프레임 연습으로 손을 흔드는 오리의 모습을 만들어 보겠습니다. 이미지 세 컷으로 완성하는 간단한 애니메이션입니다.

제공 파일 - Part5-1-1

01 첨부해 드린 작업 파일 중 Part5-1-1를 프로크리에이트로 가져옵니다.

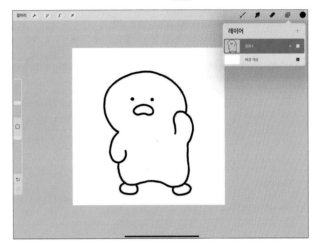

02 동작 툴의 [캔버스]를 선택하고 [애니메이션 어시스트]를 켭니다.

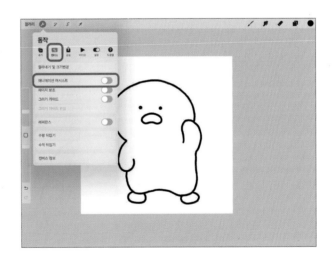

03 원화1(첫 그림)을 이용해 원화2(끝 그림)를 그려 보겠습니다. 아래에 있는 프레임 창에서 그림을 클릭한 뒤 [복제]를 눌러 주세요.

04 프로크리에이트에선 프레임과 레이어를 동일하게 취급하기 때문에, 레이어 창에도 그림이 하나 더 생긴 것을 확인할 수 있습니다. 복제된 그림의 명칭을 원화2로 변경하겠습니다(실제 작업할 때는 굳이 이름을 바꾸지 않아도 됩니다).

05 이 원화2 그림을 변형하겠습니다. 올가미를 선택해서 이동시킬 영역을 선택해 주세요.

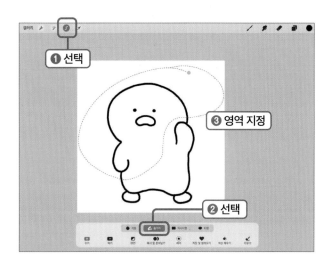

06 이동 툴을 선택합니다.

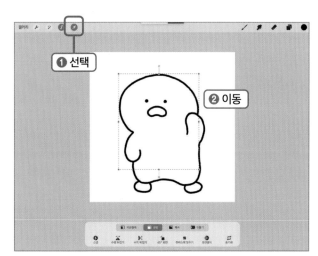

07 선택 영역 위에 있는 초록색 점을 눌러 왼쪽으로 적당히 기울입니다. 눈과 입이 같은 선상에서 움직일 수 있도록 옮겨 주세요.

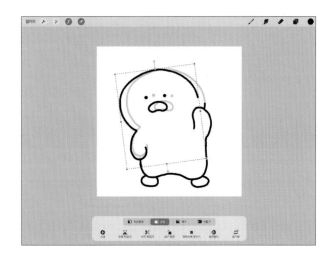

08 그 다음은 팔도 이동시켜 보 겠습니다. 팔을 올가미로 선택해 주 세요.

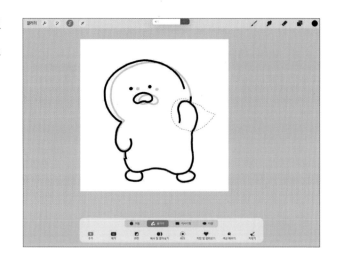

09 첫 그림과 끝 그림의 위에 완 만한 곡선이 있다고 생각하면서 끝 그림을 배치합니다.

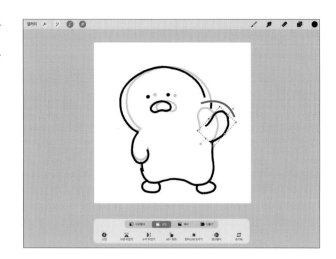

10 그 다음 끊겨 있던 선을 아래 그림처럼 연결합니다. 팔이 오른쪽으 로 가면 손끝도 오른쪽을 향하기 때 문에 손끝도 오른쪽으로 살짝 기울어 지게 수정합니다.

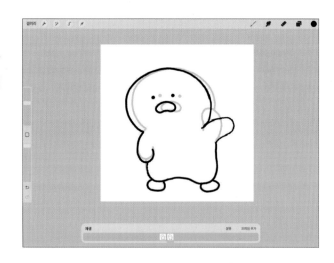

11 재생을 눌러 캐릭터가 자연스럽게 움직이는지 확인합니다. 중간 그림이 없어서 끊기는 느낌은 들지만 잘 움직인다면 중간 그림을 채워 보겠습니다.

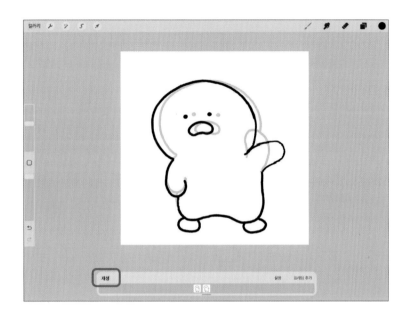

12 다시 첫 번째 그림을 눌러 복제합니다. 복제된 그림은 알아보기 쉽도록 레이어 이름을 동화로 바꾸겠습니다(실전에선 이름을 굳이 바꾸지 않아도 됩니다).

선택 후 복제(원화)   복제된 그림(동화)

13 이제 동화를 중간 그림으로 수정해 보겠습니다. 앞의 과정처럼 올가미로 그림을 떼어 낸 뒤 이동 툴을 사용해 앞 그림과 뒤 그림 사이로 옮깁니다. 이때 앞 그림, 뒤 그림과의 간격이 잘 맞는지 확인해 주세요.

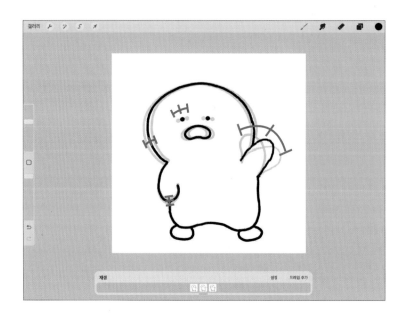

14 마지막으로 캐릭터가 잘 움직이는지 재생을 눌러 확인합니다.

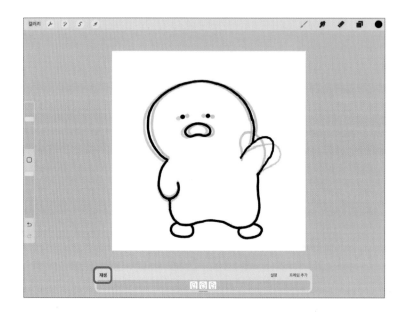

3 스쿼시 앤 스트레치를 이용해 웃는 이모티콘 만들기

캐릭터가 웃을 때 찌그러지는 느낌을 주면 좀 더 귀엽게 표현할 수 있습니다. 앞에서 배운 스쿼시 앤 스트레치 기법을 사용하여 웃고 있는 오리를 표현해 봅시다.

01 첨부해 드린 작업 파일 Part5-1-2을 프로크리에이트로 가져옵니다.

02 프레임을 선택해 복제합니다.

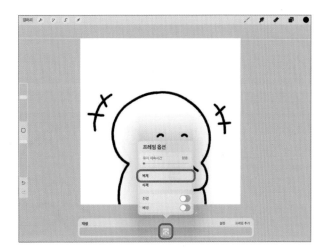

03 복제된 그림 레이어를 선택하고 이동 툴을 누른 후 [자유형태]를 선택해 주세요.

04 캐릭터가 가장 찌그러져 있을 때를 예상해서 가로를 늘리고, 가로를 늘린 만큼 세로는 찌그러뜨립니다.

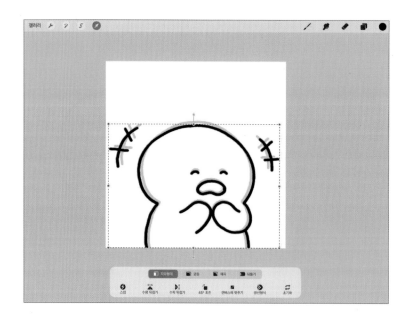

05 원화 2-2를 그렸으니 동화를 그려 보겠습니다. 이번엔 원화 2-1을 복제한 후 어니언 스킨을 참고해 앞 그림과 뒤 그림 사이에 그림을 채워 주겠습니다. 이동 툴을 누른 뒤 자유 형태가 선택되어 있는 상태에서 두번째 프레임(동화)을 앞 그림과 뒤 그림 중간에 위치하도록 찌그러뜨려 줍니다.

06 프레임 창 왼쪽에 있는 재생을 눌러 자연스럽게 움직이는지 확인 후 잘 움직이면 텍스트 연출을 합니다. 새로운 레이어를 만들어 동작에 어울리는 텍스트를 써 줍니다. 이 텍스트는 첫 그림과 함께 움직여야 되기 때문에 묶어 주는 작업을 하겠습니다.

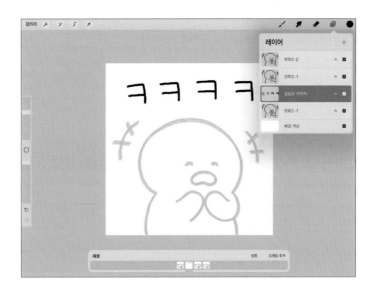

07 그룹화 기능으로 두 개였던 프레임을 한 프레임으로 묶을 수 있습니다. 먼저, 원화 2-1를 선택합니다. 이때 글자가 있는 레이어를 왼쪽에서 오른쪽으로 밀고 오른쪽 상단에 표시되어 있는 '그룹'을 선택합니다.

08 레이어 두개가 하나로 묶이면서 4개였던 프레임 개수가 3개로 줄어든 걸 확인하실 수 있습니다.

09 두 번째 텍스트는 첫 번째 텍스트를 이용해 만들어 보겠습니다. 글자 레이어의 이름을 '레이어 5'로 변경한 뒤 레이어 5를 오른쪽에서 왼쪽으로 밀어 복제를 누릅니다.

10 복제된 레이어를 꾹 눌러 그룹 밖으로 빼냅니다. 헷갈리지 않게 레이어 이름을 '레이어 6'으로 변경하겠습니다.

11 이번에도 그룹화로 두 개의 프레임을 한 프레임으로 묶겠습니다. 동화를 클릭해 파란 불빛이 들어오게 한 후 레이어 6번을 왼쪽에서 오른쪽으로 밉니다. 그리고 오른쪽 상단에 있는 [그룹]을 눌러 주세요.

12 이번에도 레이어가 그룹화되면서 프레임이 4개에서 3개로 바뀌는 모습을 확인할 수 있습니다.

13 레이어 6번 텍스트를 변형해 보겠습니다. 텍스트는 캐릭터 모션과 비슷한 움직임으로 연출해 주시는 것이 자연스럽습니다. 캐릭터 모션이 스쿼시 앤 스트레치로 연출됐기 때문에, 텍스트도 동일한 기법으로 연출하겠습니다. 레이어 6번을 선택한 후 위쪽에 있는 이동 툴을 눌러 주세요. 하단에 있는 [자유형태]를 선택합니다.

14 그림 작업을 할 때 앞쪽에 있는 그림을 세로로 찌그러뜨리고 가로로 늘려 뒤쪽 그림을 만들었기 때문에, 텍스트도 동일한 방식으로 변형해야 합니다.

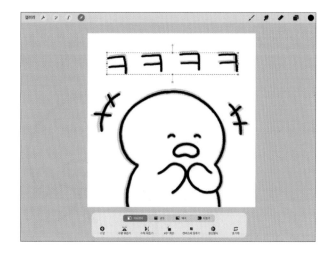

15 이제 마지막 텍스트 연출을 해 보겠습니다. 이번에도 레이어 5번을 복제한 뒤 원화 2-2와 그룹화합니다. 복제한 레이어의 이름을 레이어 7로 바꾸고, 레이어 7에 파란 빛이 들어오도록 선택합니다.

16 이동 툴을 선택하고 하단에 있는 [자유형태]를 눌러 모양을 변형시킵니다.

17 이제 채색을 해 보겠습니다. 앞에서 배운 것처럼 채색 레이어도 선과 텍스트와 분리해서 만들어 줍니다. 아래 그림처럼 그룹 1의 가장 밑에 오게 만들어 주세요.

 Tip

모션 작업할 때를 제외하고는 어니언 스킨이 필요하지 않기 때문에 설정에서 어니언 스킨은 꺼 줍니다.

18 흰 캐릭터를 채색하기 위해 배경색을 하늘색으로 바꾸고 원화 2-1을 레퍼런스로 지정합니다.

19 레퍼런스로 지정했다면, 채색 레이어를 선택합니다.

20 팔레트에서 색을 선택한 뒤 캐릭터 선 안쪽으로 끌어와 모두 채색합니다.

21 그룹 2번과 3번도 동일한 방법으로 진행한 뒤 그림과 같이 완성합니다.

4 흔들리는 캐릭터 **만들어 보기**

단 세 개의 프레임만으로 재밌는 모션을 만드는 방법이 있습니다. 앞 그림과 뒤 그림을 다르게 그리면 움직일 때 생기는 미세한 차이로 흔들리는 느낌이 납니다. 이 방법을 사용하면 캐릭터가 하찮으면서도 귀여워 보이는 효과가 있어서 많은 작가님들이 사용합니다. 만드는 방법도 어렵지 않습니다.

01 Part5-1-3 파일을 프로크리에이트로 가져옵니다.

02 이번엔 그렸던 그림을 수정하는 것이 아닌 따라 그리는 작업을 해야 되기 때문에 프레임 추가를 눌러 빈 프레임을 만들어 줍니다.

03 앞에 있는 그림과 살짝 다르게 그리면 재생했을 때 흔들리는 느낌을 줄 수 있습니다. 살짝 다르게 따라 그려 주세요.

04 글자도 써 주겠습니다. 글자와 캐릭터 레이어도 분리해서 쓰는 게 좋습니다. 레이어를 만든 후 프레임 2와 그룹으로 묶어 줍니다.(204p 참고)

05 앞 글자와 살짝 다르게 글자를 씁니다.

06 같은 방법으로 세번째 프레임도 캐릭터를 따라 그린 뒤 글자를 쓰고, 잘 움직이는지 재생을 눌러 확인합니다.

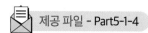

볼터치 있는 캐릭터 고개 좌우로 흔들기

볼터치가 있는 캐릭터를 제작하고 계신다면 원화에서 선과 같은 레이어에 볼터치를 그려야 합니다. 나중에 볼터치를 추가해 그릴 경우 볼터치 위치가 미세하게 달라질 수 있고, 이는 모션에 부자연스럽게 표현될 수 있습니다. 볼터치가 있는 캐릭터의 애니메이션 작업을 해 봅시다.

01 Part5-1-4 파일을 프로크리에이트에 불러옵니다.

02 먼저 캐릭터 고개를 왼쪽으로 기울이겠습니다. 원화 4를 복제하고 이름을 원화 4-1로 바꿔 주세요.

캐릭터가 중앙에 있는 모습을 원화로 그린 이유는 이 그림을 중심으로 왼쪽과 오른쪽으로 변형하기 편하기 때문입니다.

03 원화 4-1의 고개 위치를 왼쪽으로 바꾸겠습니다. 원화 4-1을 선택한 후 올가미로 얼굴 부분을 오려 주세요.

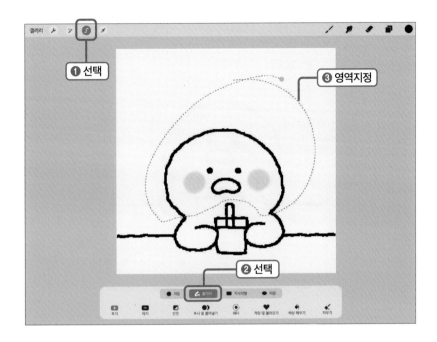

04 이동 툴을 선택합니다. 초록색 점을 잡고 고개를 왼쪽으로 옮깁니다.

05 캐릭터가 왼쪽으로 기운 모습을 상상하며 얼굴 위치를 아래 사진처럼 바꿔 주세요.

06 원화 4-1엔 왼쪽으로 기운 모습이, 원화 4엔 캐릭터가 중앙에 있는 모습이 그려져 있습니다.

07 원화 4를 복제해 주세요. 복제한 원화 4의 이름은 원화 4-2로 바꾸고 고개 방향을 오른쪽으로 바꾸겠습니다.

08 원화 4-2를 선택한 뒤, [선택]-[올가미]로 얼굴 부분을 오립니다. 그 다음 이동 툴을 눌러 주세요.

09 초록색 점을 눌러 얼굴을 오른쪽으로 기울입니다. 이때 주의할 점은 눈과 눈 사이, 입과 입 사이, 얼굴과 얼굴 사이가 엇나가는 것 없이 전체적으로 곡선을 그려야 한다는 것입니다.

10 재생을 눌러 그림이 잘 움직이는지 확인해 줍니다. 고개를 좌우로 흔드는 모션은 설정에서 '핑퐁'을 선택해 주시면 좀 더 자연스러워 보입니다.

11 러프가 모두 완성됐으니, 선 따기와 채색 작업으로 마무리합니다.

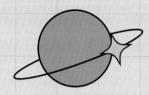

Loading...

Part 6

이모티콘 제안해 보기

이모티콘 제작을 모두 마쳤다면, 이제 플랫폼별 특성을 알아보고 제안해 보겠습니다. 제안한 이모티콘이 승인된 이후 작업에 필요한 포토샵 사용 방법과 승인이 되지 않았을 때 대처 방법도 담고 있으니, 실전으로 돌입해 봅시다.

플랫폼별 특성과 제안 과정

카카오톡

이모티콘 시장에서 가장 큰 플랫폼입니다. 매주 2000건 이상의 이모티콘이 제안되는 곳으로 승인 난이도는 높지만 가장 높은 수익성을 가지고 있어서 전업 작가라면 반드시 카카오톡에서 데뷔해야 합니다. 승인 후 상품화 과정이 있어서 출시까지 3~6개월 정도 걸립니다.

스튜디오에서 제안하고, 스토어에서 판매해보세요

새롭고 다양한 이모티콘이 더 많은 사용자를 만날 수 있도록 아래와 같은 과정을 거칩니다.

제안 승인!

이모티콘 제안하기
이모티콘 시안을 제작하여
상품 유형에 맞게 제안하세요.

이모티콘 심사
제안을 심사하는 동안 기다려주세요.
(약 2주 내외 소요)

상품화
심사 통과된 제안을
실제 상품으로 준비합니다.

출시 후 판매
이모티콘을 출시하고
스토어에서 판매해보세요.

이모티콘은 제안 후 약 2주 정도의 심사 과정을 거쳐 승인과 미승인 결과가 나옵니다. 승인이 되면 상품화 과정을 거치는데, 이때 제공받은 제작 가이드를 바탕으로 제작해 주시면 됩니다. 상품화 과정에선 선물 이미지 제작, 키보드 썸네일 제작, 버튼 on/off 이미지 제작을 합니다.

이 작업은 만들어 뒀던 이미지로 선물 이미지를 제작하거나, 사이즈를 변경해 썸네일 또는 키보드 탭 버튼을 제작하는 것이라 어려울 것 없이 하루만에 작업을 끝낼 수 있습니다. 다만 움직이는 이모티콘일 경우 모션을 완성하는 데 시간이 좀 더 소요될 수 있습니다.

이렇게 최종 파일을 완성해 제출하고 검수까지 끝나면, 최대 3개월 정도의 출시 대기 기간을 거친 뒤 이모티콘을 출시하게 됩니다.

기획 방향: 카카오톡은 가장 큰 메신저 앱인 만큼 다양한 형태의 대화 내용이 오갑니다. 연인, 가족, 직장, 사업 등 다양한 구매 타깃이 있는데, 이들이 원하는 이모티콘은 모두 다릅니다. 한 이모티콘에 이들의 니즈를 모두 담아내는 건 어려운 일이니 내 이모티콘을 누가 사용하게 할 것인지 고민한 뒤 이모티콘을 만들면 캐릭터 방향성을 잡기가 좀 더 쉬워질 것입니다.

OGQ

OGQ에 이모티콘을 제안하면 승인 시 네이버 블로그에서 사용할 수 있습니다. 작가에게 돌아오는 수익 퍼센티지가 높아서 카카오톡 다음으로 추천해 드리는 플랫폼입니다. 네이버 블로그/포스트/카페에서 주로 쓰이며 주 사용층은 20~30대 여성이 많은 편입니다. 블로그에 쓰는 스티커이다 보니 맛집, 여행, 물건을 산 것에 대한 감상 등이 많습니다. 그래서 OGQ스티커는 일반적인 대화용 이모티콘, 스티커와는 접근이 달라야 합니다.

콘텐츠 가이드

콘텐츠 판매 프로세스

1. 콘텐츠 제작

2. 심사 요청

3. 판매 시작

1. 콘텐츠 제작
제작 가이드에 맞춰 콘텐츠를 제작하고 업로드해 주세요.

2. 심사 요청
심사는 약 2주간 소요되며 내부 기준에 따라 검토 후 결과를 알려드릴게요. 심사 결과는 메일로 알려드리며, '콘텐츠 관리'에서도 확인할 수 있어요.

3. 판매 시작
이제 크리에이터님의 콘텐츠가 OGQ의 다양한 마켓에서 판매돼요.

카카오와 비교했을 때, 시장이 작아 수익성은 낮습니다. 하지만 멈춰 있는 이모티콘을 24개만 제안해도 된다는 점, 상품화 과정 없이 승인 즉시 판매가 된다는 점, 카카오톡과 비교했을 때 승인율이 높다는 점이 큰 장점입니다. 카카오톡 승인이 어려우시다면 OGQ에서 실력을 쌓는 것도 좋은 방법입니다.

기획 방향: 네이버 OGQ 이모티콘은 블로그 포스팅용으로 쓰는 경우가 많습니다. 블로그는 대부분 여행, 맛집, 리뷰 같은 정보성 글이 많으니 포스팅할 때 쓸 수 있는 이모티콘을 기획해 제작하시는 게 좋습니다.

3 밴드

네이버 밴드 어플을 사용하는 사람들이 쓸 수 있는 이모티콘입니다. 승인 난이도가 꽤 높고 검수 과정이 많이 까다로워서 추천하지 않는 플랫폼입니다. 카카오톡과 비교했을 때 밴드 사용자는 연령대가 높기 때문에 40대 연령을 타깃으로 한 이모티콘을 만드시는 분들이 제안하면 좋습니다.

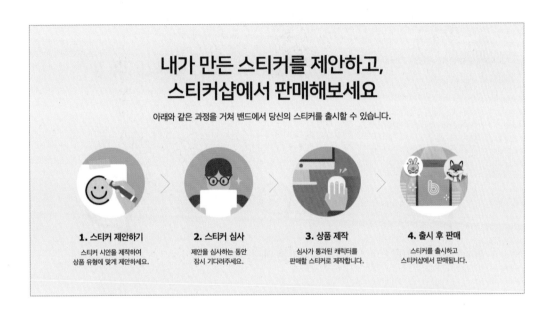

기획 방향: 밴드는 사용 연령대가 높고 사회적 모임에서 많이 사용하는 만큼 10대를 저격한 장난스럽고 까불거리는 이모티콘을 만드는 것보다 공손하고 상냥한 이모티콘을 제작하시는 것이 좋습니다. 40대 이상의 사용자를 저격한 콘셉트로 만드는 만큼, 캐릭터 디자인 또한 심플한 디자인보다는 컬러풀하고 디테일한 느낌이 이모티콘으로 제작하는 것이 좋습니다.

플랫폼별 특징 정리

플랫폼	특징	승인 난이도	수익성
카카오	이용자 수 많음	매우 높음	매우 높음
OGQ	네이버 블로그 사용	비교적 낮음	낮음
밴드	30,40대 이용자 수가 많음 고퀄리티의 따뜻한 느낌	높음	보통

플랫폼별
이모티콘 제안해 보기

1 카카오톡 제출 조건과 제안 창 확인하기

1 카카오톡 제출 조건

멈춰있는 이모티콘 　　 움직이는 이모티콘 　　 큰이모티콘

제안하기 　　 제안하기 　　 제안하기

멈춰있는 이모티콘 제안가이드

총 32개	PNG 32개 (투명배경)
사이즈	360x360 px(픽셀)
용량	개당 150KB 이하
해상도	72dpi / 컬러모드 RGB

움직이는 이모티콘 제안가이드

총 24개	PNG 21개 (투명배경) GIF 3개 (흰색배경)
사이즈	360x360 px(픽셀)
용량	개당 650KB 이하
해상도	72dpi / 컬러모드 RGB

큰이모티콘 제안가이드 　 제작 Tip

총 16개	PNG 13개 (투명배경) GIF 3개 (흰색배경)
사이즈 (선택)	정사각형 540x540 px(픽셀) 가로형 540x300 px(픽셀) 세로형 300x540 px(픽셀)
용량	개당 1MB 이하
해상도	72dpi / 컬러모드 RGB

　　카카오 이모티콘 종류는 총 3가지로 멈춰있는 이모티콘, 움직이는 이모티콘, 큰 이모티콘이 있습니다. 각각은 다른 제안 조건을 가지고 있습니다.

멈춰있는 이모티콘은 총 32개의 PNG 파일을 360px×360px 사이즈로 만들어 제출하면 됩니다. 움직이는 이모티콘은 총 24개 제안합니다. 이 중 21개는 PNG 파일로, 3개는 GIF 파일로 제출하시면 됩니다. GIF는 움직이는 이모티콘 확장자입니다. 움직이는 이모티콘은 처음부터 모든 시안을 움직이는 시안으로 제출할 필요 없이 승인 전엔 3개 이상의 GIF 파일을 만들어 미리 심사를 받고, 승인 후 멈춰 있는 그림 21개를 움직이는 이모티콘으로 바꾸는 작업을 합니다.

큰 이모티콘은 GIF 3개 PNG 13개로 총 16개를 만들어 제출하면 됩니다. 만들어야 되는 개수는 적지만 수익성이 낮고 세부 조건이 까다롭기 때문에 추천하지 않습니다.

움직이는 이모티콘 시안 제출 시 GIF 파일을 많이 만든다고 해서 승인에 유리하지 않습니다. 미승인될 확률이 높기 때문에 움직이는 시안은 3개만 만들어 작업 시간을 아껴 주세요.

2 카카오톡 제안 창 확인하기

01 카카오 이모티콘 스튜디오에 접속합니다. 카카오 계정이 있으면 별도 회원가입 없이 제안할 수 있습니다. [제안 시작하기]를 클릭합니다.

02 좌측에 있는 [이모티콘 제안] 탭을 선택합니다. 멈춰있는 이모티콘, 움직이는 이모티콘, 큰이모티콘 중 제안하고 싶은 이모티콘을 선택합니다.

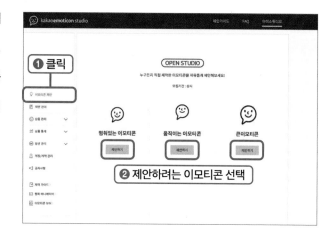

03 이모티콘 정보를 작성합니다.

❶ 이모티콘 상품명

출시됐을 때 사람들이 보는 제목입니다. 콘셉트가 잘 드러나게 적어 주세요.

❷ 이모티콘 시리즈명

'이모티콘샵'에서 노출되는 것이 아닌 이모티콘 운영자들이 관리하는 명칭입니다. 콘셉트을 간략화해서 써 주시면 됩니다.

> **예시 – 상품명: 잔망쟁이 찹쌀덕 / 이모티콘 시리즈명: 찹쌀덕**

❸ 작가명

본인 작가명을 쓰면 됩니다. 승인 후 상품화 과정에서 바꿀 수 없으니 신중하게 고민한 뒤 작성해 주세요.

❹ 이모티콘 설명

캐릭터 스토리보다는 타깃 연령층은 무엇이고 어떤 사람들에게 수요가 있을 것인지 상품성을 어필해 주세요.

❺ 참고 사이트

캐릭터 관련 운영하는 SNS 사이트가 있으면 참고 사이트를 입력합니다. 팔로워가 엄청 많은 게 아니라면 승인에 큰 도움이 되진 않습니다. 저는 한 번도 적어 본 적 없습니다.

❻ 참고 자료 첨부

이모티콘 심사에 도움이 될 것 같은 자료가 있으면 참고 자료를 첨부할 수 있습니다. 양식엔 어떤 제한도 없는데, 참고 자료를 넣어 승인이 된 것 같다는 경험담을 들어 본 적이 없습니다.

카카오 측에서도 일주일에 2000개 넘게 쏟아지는 제안서의 참고 자료를 일일이 확인하기는 힘들지 않을까 싶습니다. 시간을 아끼기 위해 첨부하지 않는 걸 추천해 드립니다. 전 업로드 해 본 적 없습니다.

❼ 이모티콘 시안

시안의 이미지를 하나씩 업로드해 줍니다. 찾아보기를 누르지 않고 컴퓨터에 저장된 그림을 드래그해서도 업로드할 수 있습니다. 저는 이모티콘을 업로드할 때 캐릭터 콘셉트를 잘 보여 주는 시안을 위쪽에 배치합니다. 그리고 '뭐해?', '나 니 생각'같이 핑퐁이 되는 메시지는 꼭 나란히 배치해 줍니다. 움직이는 이모티콘을 제안할 때, 가장 매력적인 장면을 이모티콘 제안용으로 사용해 주세요. 멈춰 있는 모습으로 매력을 보여 줄 수 없는 시안이라면 GIF로 만들어 제안하면 됩니다.

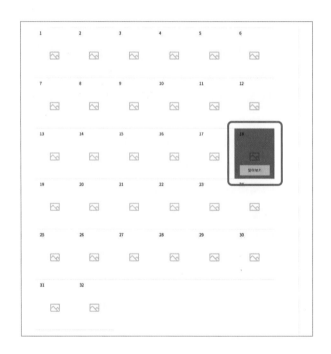

OGQ 제출 조건과 제안 창 확인하기

1 OGQ 제출 조건

OGQ 이모티콘은 일반 스티커와 애니메이션 스티커가 있습니다. 애니메이션 스티커를 만들어 OGQ에 제출하는 건 시간 대비 수익이 너무 낮기 때문에 스티커 제출 조건만 자세히 알아보겠습니다. 스티커는 총 24개의 PNG 파일을 740px×640px 사이즈로 만들어 제출하면 됩니다. 다른

플랫폼과 다르게 탭 이미지와 메인 이미지도 만들어 제출해야 합니다. 탭 이미지는 96px×74px메인 이미지는 240px×240px입니다.

2 OGQ 제안 창 확인하기

01 오지큐 크리에이터 센터에 접속해 [콘텐츠 업로드]를 선택합니다.

02 일반 스티커와 애니메이션 스티커 중 선택해 주세요.

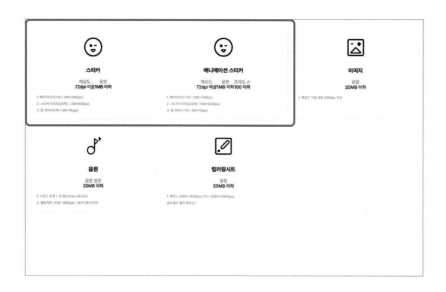

03 제목, 내용을 입력합니다. 태그를 작성하는 란에는 OGQ 사용자가 검색할 수 있는 해시태그를 3개 이상, 20개 이하로 입력해 줍니다.

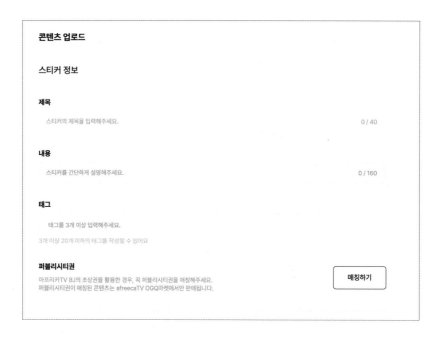

04 제작한 스티커를 업로드합니다. 스티커 이미지는 제작한 이모티콘 시안을 업로드하면 됩니다.

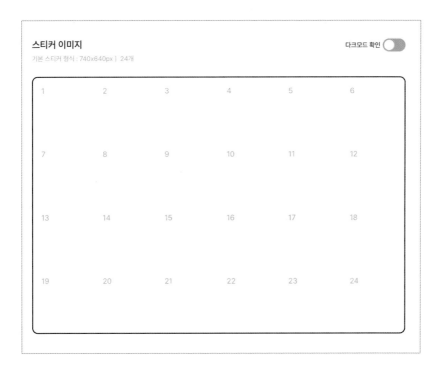

05 마지막으로 메인 이미지와 탭 이미지를 올린 후 업로드합니다. 메인 이미지는 사람들이 구매할 때 가장 보이는 그림입니다. 시안 중 가장 매력 있는 그림을 선택해 주세요. 탭 이미지는 구매한 이모티콘 목록 중 내 이모티콘을 고를 때 사용하는 작은 이미지입니다.

3 밴드 제출 조건과 제안 창 확인하기

1 밴드 제출 조건 확인하기

네이버 밴드 어플을 사용하는 사람들이 쓸 수 있는 이모티콘입니다. 승인 난이도가 꽤 높고 검수 과정이 많이 까다로워서 추천하지 않는 플랫폼입니다. 밴드 사용자는 연령대가 높기 때문에 40대 연령을 타깃으로한 이모티콘을 만드시는 분들이 제안하시면 좋습니다.

밴드 이모티콘은 스틸 스티커와 애니메이션 스티커가 있습니다. 스틸 스티커는 테스트 컷으로 5개의 PNG를 제작해 제출하면 됩니다. PNG 파일의 사이즈는 최대 370px×320px로 맞춰 주세요. 애니메이션 스티커는 테스트 컷으로 5개의 PNG와 3개의 GIF를 제출하면 됩니다. 사이즈는 최대 370px×320px로 맞춰 주세요.

2 밴드 제안 창 확인하기

01 밴드 스티커샵에 접속한 후 [스티커 제휴 제안하기]를 클릭합니다.

02 플랫폼만 다를 뿐 방법은 유사합니다. 카카오톡에서 입력했던 것처럼 스티커 명과 스티커 설명을 입력합니다. 규격에 맞춰 시안을 업로드해 주세요(최대 370px×320px). 참고자료는 팔로워가 많지 않은 이상 굳이 첨부하지 않아도 됩니다.

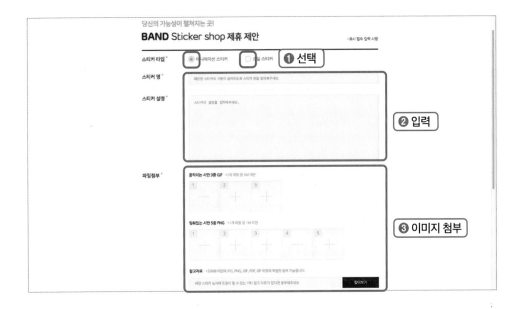

03 제안자 정보를 입력한 후 제출합니다. 제안을 확인할 수 있는 탭이 없기 때문에, 메일로 심사 결과를 기다려 주세요.

플랫폼 별 가이드라인 총 정리

멈춰 있는 이모티콘

	카카오	네이버 OGQ	BAND
개수	PNG 32	PNG 24	PNG 5(테스트컷) PNG 40(최종)
사이즈(px)	360×360	740×640	최대 370×320
컬러 모드	RGB		
해상도	72dpi		
탭 이미지	✕	96×74(px)	✕
메인 이미지	✕	240×240(px)	✕

움직이는 이모티콘

	카카오	네이버 OGQ	BAND
개수	PNG 21+흰 배경 GIF 3 총24	투명 배경 GIF 24	PNG 5+GIF 3 (테스트컷) 24(최종)
사이즈(px)	360×360	740×640	최대 370×320
컬러 모드	RGB		
해상도	72dpi		
탭 이미지	✕	96×74(px)	✕
메인 이미지	✕	240×240(px)	✕

이모티콘에 필요한
포토샵 배우기

많은 분들이 포토샵에 기능이 많아 어렵게 생각하지만, 이모티콘 작업을 위해 사용하는 포토샵 기능은 매우 적습니다. 하루만 투자해 배워 두면 작업 시간을 훨씬 줄일 수 있으니 책에서 알려 드린 기능들은 꼭 익혀 보시기 바랍니다. 승인 전엔 포토샵 기능이 꼭 필요한 것은 아니니 승인 후 익히시는 걸 추천합니다.

포토샵이 필요한 이유

포토샵은 텍스트에 흰색 외곽선을 추가하거나 움직이는 모션의 프레임별 시간을 세밀하게 조절할 때 사용합니다.

텍스트에 흰색 선을 추가하는 이유는 이용자의 대화창 배경색에 상관없이 텍스트가 표현되어야 하기 때문입니다. 흰색 선을 추가하지 않으면 검은색 배경을 사용하는 사용자들은 텍스트 가독성이 떨어집니다. 그래서 승인 후에 흰 외곽선을 넣는 작업이 필수입니다. 외곽선 작업은 프로크리에이트로도 할 수 있지만 매우 번거롭고 시간이 많이 들기 때문에 포토샵 이용을 추천합니다.

흰 외곽선이 없는 이모티콘　　　흰 외곽선을 추가한 이모티콘

포토샵은 타임라인에서 그림마다 시간을
다르게 정할 수 있습니다. 프레임 방식의 프
로크리에이트나 클립스튜디오는 그림 한 장
당 초수가 정해져 있기 때문에 세심한 시간
조절이 필요할 때 포토샵이 필요합니다.

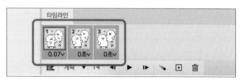

2 획 추가 방법

01　그림 하나를 준비합니다.

02 [동작]-[공유]-[PSD]를 선택해 PSD 파일로 저장하고 컴퓨터로 옮깁니다. 윈도우는 카카오톡을 이용하면 되고 맥은 에어드랍으로 옮기면 됩니다.

03 PSD 파일을 포토샵에서 열면 프로크리에이트와 레이어가 똑같은 걸 확인할 수 있습니다. 포토샵에서 흰색 선 추가는 '획 추가' 기능을 사용합니다. 예시 그림처럼 텍스트와 그림이 한 레이어에 합쳐져 있을 땐 다른 레이어로 분리해서 획을 추가해 줍니다.

04 레이어 분리를 위해 올가미 기능으로 글씨를 떼어 내겠습니다. 텍스트가 있는 레이어를 선택합니다. 왼쪽 상단에 있는 점선 표시 아이콘인 사각형 선택 윤곽 도구를 클릭해 주세요.

05 사각형 선택 윤곽 도구를 이용해 글씨 부분을 선택합니다.

06 Ctrl + x 키를 눌러 텍스트를 잘라냅니다. (맥 os는 command + x)

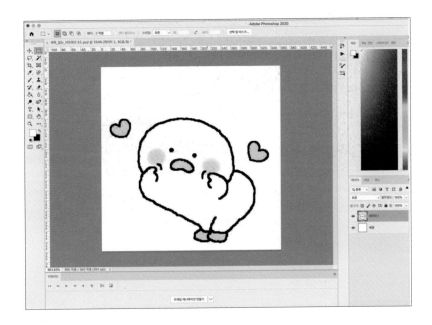

07 잘라 낸 텍스트를 다시 붙여 넣겠습니다. 우리가 흔히 쓰는 Ctrl + v를 쓸 경우 원래 텍스트 위치가 아닌 중앙에 텍스트가 붙여 넣어집니다. Ctrl + Shift + v를 사용해 붙이면 제자리에 붙여 넣기가 됩니다. 이때 레이어를 보면 텍스트와 그림 레이어가 분리된 걸 확인할 수 있습니다.

08 레이어가 분리됐으니 텍스트에 획을 추가하겠습니다. 텍스트 레이어를 더블 클릭해 주세요.

09 레이어 스타일 창에서 획을 선택한 후 크기 부분을 3px로, 색상은 하얀색으로 맞춰 주세요.

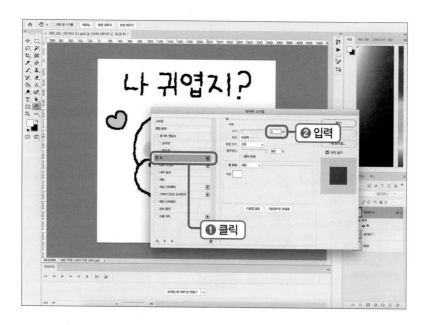

10 오른쪽 레이어 창에서 눈 모양을 클릭해 배경을 없앤 후 확인해 보면 텍스트에 흰색 선이 잘 들어간 걸 확인할 수 있습니다.

❶ 레이어 끄기

 Tip

레이어 스타일이 적용된 레이어는 fx라는 표시가 있습니다.

지연 시간 조절 방법

01 프로크리에이트에서 [동작]-[공유]-[PSD]를 선택해 파일을 컴퓨터로 옮긴 뒤, 포토샵에서 열어 줍니다. 지금 보이는 음표도 출시할 땐 흰색 선을 넣어 줘야 하지만 승인 전엔 번거롭게 하지 않아도 됩니다.

02 파일을 내보내기 전에 레이어를 병합하겠습니다. 오른쪽 레이어 창에 있는 새로운 그룹을 클릭 후 Ctrl + e를 누르면 같은 그룹 안에 있는 레이어가 모두 병합됩니다.

GIF 파일로 내보낼 때는 레이어 정리를 하지 않아도 되지만, 좀 더 깔끔히 정리하기 위해 병합했습니다.
GIF 파일이 아닌 레이어를 파일로 내보낼 경우엔 필수로 병합을 해야 합니다. 레이어를 파일로 내보내는
건 승인 후 WebP 작업할 때 사용합니다.

03 병합 기능으로 레이어 창이 깔끔해졌습니다. 이제 프레임 애니메이션으로 만들어 보겠습니다. 위에 있는 포토샵 패널에서 [창]-[타임라인]을 선택해 주세요.

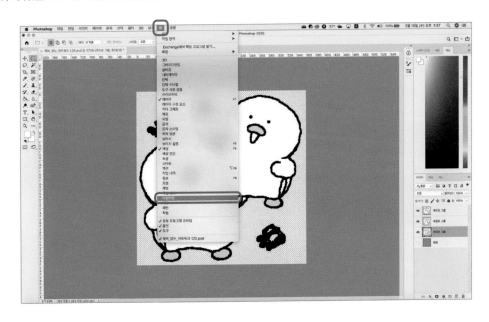

04 타임라인 기능을 켜면 하단에 사진과 같은 타임라인 창이 생깁니다. 가운데에 있는 프레임 애니메이션 만들기를 클릭합니다.

05 프레임 애니메이션을 만들기를 누르면 아래 그림처럼 프레임 하나가 생깁니다. 해당 모션은 프레임 3개로 움직이는 모션이니 +버튼을 눌러 프레임을 2개를 더 만듭니다.

06 하단에 생긴 타임라인 창은 프로크리에이트에서 봤던 프레임 창이라고 생각하면 쉽습니다. 현재는 모든 프레임에 모든 레이어가 켜져 있습니다. 타임라인 1번엔 레이어 1번을, 타임라인 2번엔 레이어 2번을, 타임라인 3번엔 레이어 3번을 순서대로 지정해 줘야 모션이 됩니다.

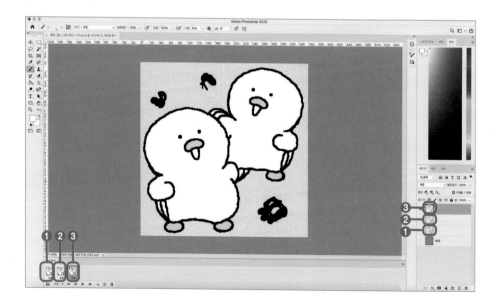

07 먼저 타임라인 프레임 1번을 선택합니다. 그 다음 1번 레이어를 뺀 모든 레이어 눈을 꺼 주세요.

08 이제 두 번째 프레임도 바꿔 보겠습니다. 2번 프레임을 클릭하고 레이어 창에선 2번 레이어만
켜 주세요.

09 3번 프레임과 레이어도 같은 방법으로 지정해 주면 되는데, 좀 더 편리한 방법을 알려 드리겠습니다. 프레임 3번을 클릭하고, Alt를 누른 채로 3번 레이어의 레이어 눈을 클릭하면 해당 레이어를 제외한 모든 레이어가 꺼집니다. 지금은 레이어 개수가 적어서 하나하나 해도 되지만, 레이어가 많을 때 정말 편리한 기능이니 꼭 기억해 주세요.

10 이제 프레임별로 지연 시간을 지정하는 방법을 알려 드리겠습니다. 바꾸고 싶은 프레임의 초를 누르면 지연 시간을 바꿀 수 있는 창이 나옵니다. 포토샵에서 지정해 놓은 숫자도 있지만, '기타…'를 누르면 내가 원하는 길이만큼 지정할 수 있습니다.

11 원하는 숫자를 적으면 적용됩니다. 다른 프레임에도 똑같은 방법으로 지연 시간을 지정하면 됩니다.

숫자를 다르게 지정하는 프레임도 있지만, 대체로 프레임 시간을 동일하게 지정하는 경우가 많습니다. 1번 프레임이 선택된 상태에서 Shift를 누르고 가장 마지막 프레임을 누르면 전체 선택이 됩니다. 이때 지속 시간을 바꾸면 모든 프레임을 같은 길이로 만들 수 있습니다.

파일 저장 방법

1 멈춰 있는 이모티콘 저장

01 [파일] – [내보내기] – [PNG로 빠른 내보내기]를 선택해 주세요.

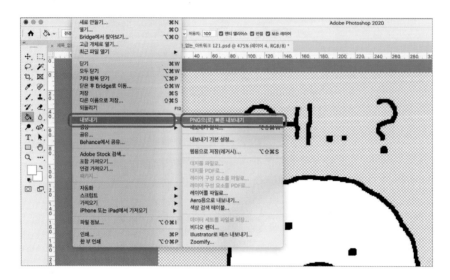

단축키 Ctrl + Shift + s를 사용하면 좀 더 빠르게 저장할 수 있습니다. 이때 꼭 형식을 PNG로 바꾼 후 저장해 주세요.

② 움직이는 이모티콘 저장

01 [파일]-[내보내기]를 선택한 후 [웹용으로 저장]을 눌러 주세요.

움직이는 이모티콘은 승인되면 카카오가 제공한 WebP Animator라는 앱을 이용해 GIF가 아닌 WEBP라는 확장자로 최종 파일을 제출합니다. 이 프로그램을 사용할 때 모든 장면의 PNG가 필요한데, 이 때는 [웹용으로 저장]이 아닌 [레이어를 파일로]를 눌러 모든 장면을 저장해 주시면 됩니다. 모든 장면을 내보내려면, 아래 그림처럼 모든 레이어의 눈이 켜져 있어야 합니다.

02 설정이 사진과 같이 되어있는지 확인해 주세요. 포토샵에서 애니메이션을 재생하면 끊기는 경우가 자주 있습니다. 이 때 사진에 보이는 미리보기를 이용하면, 실제 출시했을 때 속도감을 알 수 있습니다.

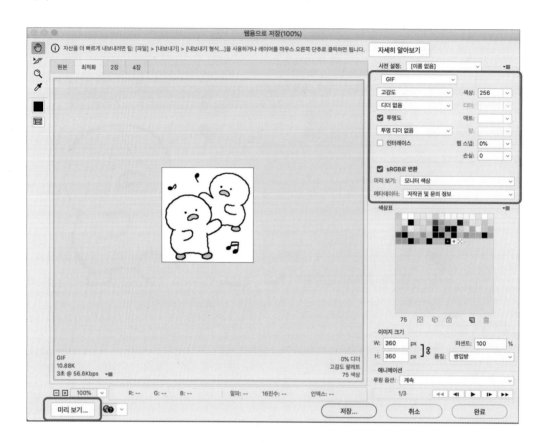

포토샵 기능 중 '액션'이라는 기능이 있습니다. 액션 기능을 켜고 자주 사용하는 작업 순서를 입력해 두면 단축키 버튼 한번 누르는 것으로 빨리 작업을 끝낼 수 있습니다. 최종 파일을 만드는 작가님이라면 포토샵에 있는 액션 기능을 익혀 작업 시간을 단축해 보세요.

 **더! 알아보기** 이모티콘 승인을 위한 팁

카카오톡에서 미승인을 받아도 피드백이 없기 때문에 스스로 방법을 찾아야 합니다. 이모티콘 작가가 아닌 친구에게 물어보는 건 큰 도움이 되지 않고, 공개적인 커뮤니티에 시안을 올리는 건 아이디어를 뺏길 수 있기 때문에 위험합니다. 결국 내 작품을 객관적으로 보고 미승인 원인을 찾아 보완할 수 있어야 합니다. 이모티콘 승인을 위한 팁들을 살펴보고, 본인의 작품을 보완해 승인을 받을 수 있도록 해 보세요.

1 작품 퀄리티를 높인다.

이모티콘이 승인되기 위해서는 퀄리티가 높아야 합니다. 이모티콘 시장을 보면 대충 그린 것 같은 이모티콘이 있습니다. 못 그린 그림처럼 보이지만 뜯어보면 캐릭터 비율도 일정하고 구도도 다양하며 작가가 의도적으로 못 그린 척하는 경우가 많습니다. 내 작품이 승인이 되지 않는다면 퀄리티가 낮은 것은 아닌지 살펴봐야 합니다.

오른쪽 시안은 8번과 9번, 21번과 22번에 복사-붙여 넣기 한 그림을 사용하고 있는데 이런 케이스는 미승인 되는 경우가 많습니다.

이모티콘에 처음 도전한 사람이 대충 그린 콘셉트로 작품을 만든 것과, 이모티콘을 많이 만들어 본 사람이 대충 그린 콘셉트로 이모티콘을 제작하는 건 퀄리티 면에서 다릅니다. 남들이 대충 그린 이모티콘이라고 해서 나도 생각 없이 대충 만들면 미승인되기 쉽습니다. 입문자라면 대충 그린 그림이 콘셉트라도 대충 그린 것 같은 이모티콘 레퍼런스를 찾아서 꼼꼼히 살펴본 후 만들어 보세요.

2 시안의 통일성을 높인다.

이모티콘이 승인되기 위해서는 시안의 통일성이 높아야 합니다. 선과 색이 뒤죽박죽으로 섞여 있고 캐릭터의 비율이 일정하지 않은 시안의 경우, 전체적인 완성도가 떨어져 보이고, 심한 경우 전혀 다른 캐릭터들을 그려 놓은 것처럼 보일 수도 있습니다. 시안이 승인되지 않았다면 내 시안을 살펴보면서 통일성이 떨어지지는 않는지 점검해 보는 것이 좋습니다.

미승인 이모티콘은 오른쪽 그림처럼 시안마다 캐릭터의 비율이 다른 경우가 많습니다. 시안마다 캐릭터의 비율이 너무 달라진다면 통일성이 떨어져 전혀 다른 캐릭터처럼 보이기도 합니다. 이런 경우 기본형 캐릭터를 옆에 대보며 비율이 달라지지는 않는지 비교하는 작업이 필요합니다.

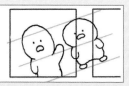

캐릭터의 비율이 맞지 않는 시안

시안을 봤을 때 텍스트와 캐릭터 선 굵기가 이유 없이 다르면 시안 통일성이 없어 보입니다. 초보자들이 가장 많이 하는 실수입니다. 캐릭터가 많이 확대된 모습을 표현하거나 많이 작아진 모습을 표현하는 것이 아니라면, 모든 선 굵기를 일정하게 만들어 주세요.

선의 굵기가 일정하지 않은 시안

통일성이 높은 시안

3 캐릭터의 콘셉트를 강화한다.

이모티콘 캐릭터들은 비슷하게 생긴 경우도 많아 콘셉트가 없으면 승인을 받아 내기 어렵습니다. 콘셉트가 없는 일상적인 이모티콘으로 미승인 받았다면, 캐릭터에 성격이라도 넣어서 다시 제안해 보시는 걸 추천 드립니다. 콘셉트가 있는데도 미승인 받았다면, 콘셉트를 좀 더 강화할 수 있게 메시지를 변형해 보세요.

상냥-상냥이의 꽃처럼 예쁜 한마디(미승인 작품)   상냥-상냥이의 꽃처럼 예쁜 한마디(승인 작품)

이 캐릭터는 착한 말 하는 캐릭터인데 원래 반말을 사용하는 시안이었지만 존댓말을 사용하는 것으로 콘셉트를 강화해 승인을 받았습니다. 시안을 많이 바꾸지 않고 메시지로 콘셉트를 강화해 승인을 받는 경우도 있습니다.

4 이모티콘 시장이 선호하는 디자인이 맞는지 점검한다.

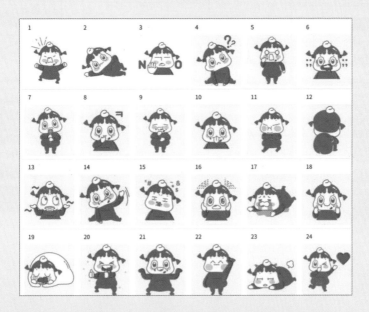

이모티콘 제안 전에 이모티콘 시장이 선호하는 디자인이 맞는지 확인해 볼 필요가 있습니다. 위 이미지는 미승인된 캐릭터 예시입니다. 그림의 퀄리티도 높고 전체적으로 통일성도 있지만, 이모티콘 시장이 선호하는 색상과 디자인이 아니라 개선이 필요한 경우입니다.

아무리 완성도가 높다고 해도 시장이 선호하지 않는 디자인이라면 승인되지 않을 수 있습니다. 시중에 나와 있는 이모티콘 상품들을 보고, 인기 이모티콘들을 분석해 보면서 내 캐릭터가 이모티콘 시장에서 상품성이 있을지 꼭 점검해 보세요.

5 캐릭터와 텍스트 배치를 고려한다.

텍스트와 캐릭터의 배치도 이모티콘에서 중요한 부분입니다. 캐릭터가 중앙에 있으면 텍스트도 중앙에 있는 것이 안정적이고, 캐릭터가 오른쪽에 쏠려 있다면 텍스트를 왼쪽에 배치해 균형을 맞추는 것이 좋은 방법입니다.

또한, 이모티콘은 작은 모바일 기기로 보는 그림이기 때문에 글자 크기가 적당히 커야 합니다. 글씨가 너무 작으면 채팅창에서 한눈에 텍스트를 알아보기 어렵고, 글씨가 너무 크다면 캐릭터가 돋보이지 못할 수 있습니다.

초보자 분들은 이렇게 균형을 맞추는 것을 놓치는 경우가 많기 때문에 자신의 시안을 보면서 캐릭터와 텍스트의 균형도 체크해 보시기 바랍니다.

캐릭터와 텍스트의 균형이 맞지 않는 시안   옳은 예시

⑥ 모션을 자연스럽게 수정한다.

프레임 수가 많아도 부자연스러운 모션이 있고, 프레임 수가 적어도 자연스러운 모션이 있습니다. 작가의 모션 역량이 좋은 경우 원화만 잘 그려도 동작이 자연스러운데, 모션 연습이 부족한 사람은 프레임만 많고 캐릭터 움직임이 부자연스러운 경우가 많습니다. 또는 모션을 지나치게 사실적으로 만들어 이모티콘과는 안 어울릴 수도 있습니다. 이모티콘 시장에서 내 캐릭터와 비슷한 유형의 이모티콘이 있는지 찾아보고 참고해서 모션을 수정해 보세요.

⑦ 다시 제안해 본다.

너무 잘 만들어서 이모티콘이 왜 떨어진 건지 이해가 되지 않는다면 다시 제안해 보는 것도 좋은 방법입니다. 심사하는 사람도 바뀌고 대진운도 매번 다르다 보니 아무것도 고치지 않았는데 승인되는 경우도 종종 있습니다. 시안 자체가 완성도가 높은 경우라면 텍스트와 시안 배치를 조금 바꿔서 제안해 보세요.